La Cuisinière des KENNEDY

Le carnet de recettes

Les recettes de cet ouvrage sont tirées du roman de Valérie Paturaud,
La Cuisinière des Kennedy, paru aux éditions Les Escales en 2024.

L'éditeur tient à remercier chaleureusement Alain Geneston, Corinne Geneston
et André Geneston pour leur aide précieuse dans la publication de cet ouvrage.

Cathleen Clarity

La Cuisinière des KENNEDY

Le carnet de recettes

Photographies :
Joann Pai

Stylisme :
Audrey Cosson

SOLAR

Préface

Quel plus bel hommage pour une cuisinière qu'un livre de cuisine qui porte son nom, décline ses recettes, illustre les épisodes de sa vie ? Et quelle jolie revanche, quelle victoire sur le destin que cette mise en lumière... ?

Le 2 décembre 1907, un nourrisson est abandonné sur le parvis d'une église marseillaise. Une petite fille. Il neige, sa vie ne tient qu'à la chaleur de la cape du sacristain qui la recueille. Prise en charge par l'assistance publique, l'enfant nommée Andrée est envoyée dans la Drôme où elle vit ses premières années au sein d'une famille nourricière aimante.

À peine assez haute pour atteindre le fourneau, la cuisine devient son domaine, le potager et le verger derrière la ferme son terrain de jeu. Elle s'imprègne des odeurs de cuisine ; on lui confie de simples tâches ; sa gourmandise s'aiguise en humant les fumets, en léchant les fonds de sauce dans les casseroles. De ces années enfantines, de ces premiers émois culinaires, qu'elle n'a pourtant pas choisis, Andrée ne sortira jamais. Sa vie sera dans les cuisines ; et la cuisine, son unique diplôme, sera sa vie. Une destinée romanesque qui la conduit de fermes en maisons bourgeoises avant d'être aux commandes avec son mari d'un modeste restaurant de village où bientôt se pressent les gourmands alentour. Des assiettes du terroir, des produits choisis et déjà de l'imagination... Puis vient le départ pour Lyon, la capitale de la gastronomie où Andrée apprend sans relâche auprès d'une mère lyonnaise les techniques, les cuissons, l'art de la découpe. L'huile d'olive rencontre le beurre mousseux, la pintade drômoise et ses fromages de chèvre s'inclinent devant le gras-double, le canard au sang et le pichet de beaujolais. Andrée écoute, progresse, prend des notes. La guerre va la conduire vers un autre destin que la restauration, c'est au service de grandes familles qu'elle va déployer ses talents : Berliet, Lumière, Albert Camus qu'elle régalera de ses daubes, une riche famille américaine en villégiature sur la Côte d'Azur...

À peine assez haute pour atteindre le fourneau, la cuisine devient son domaine. Elle s'imprègne des odeurs de cuisine ; on lui confie de simples tâches ; sa gourmandise s'aiguise en humant les fumets, en léchant les fonds de sauce dans les casseroles.

Et enfin le grand saut. 1954, le grand départ. Une proposition, une réponse déraisonnable, insensée, irréfléchie peut-être, mais qui décide en un instant du reste de sa vie. L'envol pour les États-Unis et, bientôt, l'entrée au service de la famille Kennedy. Confrontation des cultures, Andrée quitte une France qui se remet à peine des années sombres pour une Amérique faite de démesure, d'architecture, de musique, de cinéma, de lumière et de liberté. Elle découvre les grandes tablées familiales autour de montagnes de sandwichs et de verres de lait, les produits surgelés, les supermarchés. Elle mesure aussi combien la France reste une référence en matière culinaire ; combien employer une cuisinière française est la marque et la fierté d'une bonne maison. Sûre d'elle-même, derrière son fort accent provençal, Andrée va proposer sa cuisine, l'adapter parfois aux goûts de ses hôtes, découvrir de nouveaux produits tout en restant ferme sur ses acquis et son instinct. Très attachée à cette famille, elle devient, pour les uns et les autres, une sorte de grand-mère chaleureuse et réconfortante. Sa cuisine, elle, devient le lieu où s'expriment l'affection, le refuge face aux épreuves. Elle cuisine pour les politiques, les vedettes du spectacle, les invités étrangers autant que pour les nombreux petits-enfants réunis en vacances autour de Rose et Joe.

Sûre d'elle-même, derrière son fort accent provençal, Andrée va proposer sa cuisine, l'adapter parfois aux goûts de ses hôtes, découvrir de nouveaux produits tout en restant ferme sur ses acquis et son instinct.

Andrée, l'enfant de nulle part, sauvée par l'amour trouvé sur son chemin et par ce goût, cet attrait rencontré toute petite pour les odeurs, les saveurs, le plaisir de faire plaisir. Elle mesure la puissance et la liberté qu'offre ce don qu'elle a travaillé et cherché à améliorer sans cesse. Andrée, j'en suis certaine, serait si heureuse et si fière de feuilleter ce magnifique ouvrage qui mêle avec talent ses deux amours : la cuisine et l'Amérique. De là où elle est aujourd'hui, j'aime à penser que résonne peut-être son « Peuchère, quel beau livre ! ».

Valérie Paturaud

Destins croisés

« Bonjour Cathleen, ici les éditions Solar. Nous aimerions adapter ce magnifique roman en un carnet de recettes. En tant que chef, cela vous intéresserait-il de vous en occuper ?

— *What? Are you kidding? But of course I'd love to!* »

Je n'ai pas eu besoin de réfléchir bien longtemps à cette proposition alléchante et si originale.

Comme Andrée, mon parcours de chef est un peu atypique. Le voyage d'Andrée entre la France et les États-Unis, je le connais bien... mais dans l'autre sens.

Née à Chicago, j'ai grandi dans le Minnesota, où les hivers sont rudes et la cuisine simple, directe, savoureuse. Bourse en poche, je suis arrivée en France sans rien connaître à la gastronomie. Et là, j'ai découvert un patrimoine culinaire d'une richesse inouïe : des plats d'une profondeur de goût insoupçonnée, d'une élégance discrète et d'une profusion de produits magnifiques à chaque marché. Le bonheur !

Après des études de français et de commerce international, une première vie professionnelle dans la communication et le marketing, la cuisine s'est imposée à moi... sur le tard, mais comme une évidence.

J'ai travaillé en brigade chez Hélène Darroze, enseigné à l'école de Cyril Lignac, dirigé les cours en ligne de L'Atelier des chefs, écrit, créé, transmis... La cuisine m'a tant apporté.

Comme Andrée, mon parcours de chef est un peu atypique. Le voyage d'Andrée entre la France et les États-Unis, je le connais bien... mais dans l'autre sens.

Andrée, elle, est née dans la Drôme provençale. C'est un peu comme naître dans une bouteille de parfum tant les arômes y sont puissants, francs, presque enivrants.

Sans famille stable, elle trouve très tôt refuge et joie dans la cuisine, en observant les mères nourricières de ses familles d'accueil.

Ce petit bout de femme est exceptionnel.

Toujours les sens en éveil, elle apprend à extraire l'essence des produits avec une intuition rare. Elle associe les saveurs de Provence avec une justesse innée.

Locavore avant l'heure, antigaspi par conviction, Andrée a tout compris à la cuisine.

Ses plats sont sans fioritures : le produit y est roi. Ils suivent le rythme des saisons – potage aux cèpes à l'automne, saucisses à l'ivrogne en hiver, pâtes au pistou au printemps, tomates farcies en été. Rien ne se perd : tout se transforme.

Et puis, de l'autre côté de l'Atlantique, une autre vie commence. Une vie inattendue, que seule la cuisine pouvait créer.

Car Andrée, pupille de la nation, va se retrouver dans l'intimité d'une famille aussi fascinante que controversée : les Kennedy.

Famille mythique, adorée ou détestée, mais toujours scrutée. Au sein de cette fratrie de neuf enfants, régentée d'une main de fer par Joe et Rose Kennedy, les repas étaient une institution.

Quand Andrée Leufroy, cuisinière venue de la Drôme, entre dans leur univers, la cuisine ne sera plus jamais la même.

Sa vie, son parcours, sa cuisine sont merveilleusement racontés dans le roman de Valérie Paturaud – un hymne à la vie, à la transmission, à la force des femmes.

Des plats provençaux traditionnels aux recettes généreuses des mères lyonnaises, des cuisines de la famille Gallimard à celles d'Albert Camus, des starlettes de la Côte d'Azur aux dîners de Thanksgiving à New York, Andrée a tout traversé. Et toujours, elle a cuisiné avec amour.

Les recettes de ce livre suivent le fil de ses voyages et des familles qui ont croisé son destin. Tout y est.

Alors, en hommage à Andrée : direction la cuisine, et à vos tabliers !

Cathleen Clarity

Sommaire

La Drôme

Le Café de la Poste

Lyon

La Riviera et le sud de la France

Thanksgiving aux États-Unis

Palm Beach

Hyannis Port

La Drôme

« C'est Andrée qui cuisine, qui choisit au saloir le bon morceau de lard qu'elle jette dans la marmite graissée de saindoux avant d'y ajouter les légumes, les louches d'eau et les bouquets d'herbes sèches ficelées, récoltées l'été passé. En rentrant de l'école, elle pense au souper : un potage, plus clair, épaissi de tapioca ou de vermicelle, des œufs qu'elle ramasse dans le panier tressé accroché au clou sur la porte de derrière. Dans le silence et la pénombre du soir tombant, on entend crépiter la pièce de cochon, mijoter le lapin destiné au repas du lendemain. Andrée n'a pas son pareil pour déshabiller l'animal et trancher les morceaux qu'elle roule dans la farine avant de les faire frire. Les fumets s'échappent dans un nuage de vapeur lorsque Sidonie soulève le couvercle en fonte pour surveiller la cuisson, la bûche noircit dans l'âtre, le chien mouillé s'ébroue, il redoute le sabot qui le chassera sous la pluie. Des odeurs familières et rassurantes enveloppent de certitude les premières années de la fillette, aussi chaudement que l'édredon en plume et les oreillers au parfum de sauge et de lavande sur lesquels elle s'endort chaque soir. »

Extrait du roman *La Cuisinière des Kennedy* p. 58

Une cuisine de l'enfance

Andrée arrive dans sa première famille d'accueil le 8 janvier 1908. Elle devient alors l'enfant au lait de Mme Sidonie Collomb, épouse de Pierre Mourier.

Andrée arrive dans sa première famille d'accueil le 8 janvier 1908. Elle devient alors l'enfant au lait de Mme Sidonie Collomb, épouse de Pierre Mourier.
Pour Andrée, « c'est une histoire de famille qui commence. Une histoire de frères, de sœurs, d'une nourrice appelée maman, d'un père attentif et de grands-pères affectueux ».
Cette chaleur humaine et bienveillante sera le point de départ de la cuisine drômoise d'Andrée : une cuisine baignée de soleil, aimante, nourrissante, comme une maman.
La région de la Drôme est bénie des dieux en matière de produits frais. Tout y est : les fruits et légumes dont la réputation n'est plus à faire, les poissons des rivières, les picodons et autres fromages et tommes de chèvre, le gibier, les volailles – notamment le pintadeau –, l'agneau, les herbes de montagne, les truffes et même le chocolat, avec Valrhona dont le siège se trouve à Tain-l'Hermitage.
Pour préparer de bons plats rustiques et savoureux, Andrée apprendra très vite à choisir ses produits et à les marier avec justesse, en les assaisonnant de ce qu'il faut d'herbes fraîches ou sèches et, bien entendu, d'huile d'olive de Nyons !
À travers ces pages, vous allez découvrir le meilleur des spécialités de la Drôme : celles d'Andrée.

Cette chaleur humaine et bienveillante sera le point de départ de la cuisine drômoise d'Andrée : une cuisine baignée de soleil, aimante, nourrissante, comme une maman.

14. Environs de NYONS. — VENTEROL. - 2me Vue.

BOMBINE

Andrée a appris à faire ce délicieux ragoût drômois chez M. et Mme Louis, sa deuxième famille d'accueil. Les Louis employaient beaucoup de personnel dans leur grande ferme et Andrée était chargée de préparer leur repas. La bombine, parfumée et nourrissante, était souvent servie à la table commune.

Pour 4 personnes
Préparation : 20 min
Cuisson : 50 min

600 g de pommes de terre à chair ferme de type Charlotte*
1 gros oignon blanc
2 carottes
4 gousses d'ail blanc de la Drôme
400 g de collier d'agneau, coupés en petits morceaux
2 cuil. à soupe d'huile d'olive de Nyons
1 branche de thym
2 feuilles de laurier
80 g d'olives noires de Nyons, non dénoyautées
60 g d'olives vertes, de préférence les picholines
10 cl de marsanne, vin blanc de la Drôme
Sel fin
Poivre du moulin

1. Éplucher les pommes de terre, les carottes, l'oignon et l'ail. Couper les pommes de terre en gros cubes et les carottes en tronçons. Ciseler l'oignon et hacher l'ail grossièrement.
2. Saler légèrement les morceaux de collier d'agneau.
3. Dans une marmite, chauffer l'huile d'olive, ajouter les morceaux de collier d'agneau et faire dorer quelques minutes. Ajouter ensuite l'oignon et l'ail, faire suer 1 minute, saler, poivrer.
4. Ajouter ensuite les cubes de pommes de terre, le thym, le laurier et les deux olives.
5. Déglacer avec le vin blanc, faire réduire de moitié et couvrir à hauteur d'eau froide.
6. Couvrir la marmite et faire mijoter à feu doux pendant 45 à 50 minutes.
7. Servir comme plat principal à même la marmite accompagnée d'une salade croquante.

---

* Entre les mois de mai et août, vous pouvez remplacer les pommes de terre fermes par les délicieuses pommes de terre nouvelles de la Drôme – les délicatesses. Dans ce cas, inutile de les éplucher.

MATEFAIMS DU DIMANCHE SOIR

Les matefaims sont de grosses crêpes épaisses garnies des restes : un talon de jambon, un reste de picodon, du lard rôti. C'était le repas des ouvriers de la ferme le dimanche soir, au retour de leur seule journée de repos de la semaine.

Pour 4 personnes
Préparation : 15 min
Cuisson : 15 min

150 g de farine
4 œufs
20 cl de lait
150 g de fromage au choix
20 g de beurre demi-sel
Noix de muscade fraîchement râpée
Sel fin
Poivre du moulin

1 Préchauffer le four à 250 °C.
2 Verser la farine dans un saladier, ajouter les œufs entiers, un à un, et fouetter vigoureusement.
3 Délayer avec le lait petit à petit à l'aide d'un fouet.
4 Saler, poivrer et ajouter la noix de muscade.
5 Dans une grande poêle, allant au four, faire mousser le beurre demi-sel.
6 Verser la préparation et faire cuire à feu doux.
7 Pendant la cuisson de la première face, râper le fromage. Dans la Drôme, on choisira le picodon, mais tous les fromages secs peuvent être utilisés.
8 Lorsque la pâte est prise, la retourner à la spatule et la parsemer de fromage râpé.
9 Passer à four très chaud (250 °C) durant 5 minutes, le fromage va dorer et gratiner.
10 Couper en quatre parts et servir chaud.

Les matefaims sont parfaits pour accommoder les fonds de frigidaire ! Un reste de rôti coupé en dés, un talon de jambon, des herbes un peu flétries...

RAVIOLES DE ROMANS

Andrée commandait ces petites ravioles auprès de la « ravioleuse » qui faisait le tour des villages. Les plus appréciées aujourd'hui sont celles de la mère Maury à Romans, mais voici la recette pour les faire à la maison.

Pour 6 personnes
Préparation : 40 min
Repos : 2 h
Cuisson : 5 min

Pour la pâte

400 g de farine type 45
+ un peu pour le plan de travail
1 grosse pincée de sel fin
3 œufs entiers
1 cuil. à soupe d'huile d'olive
10 cl d'eau froide

Pour la farce

150 g de comté AOP ferme et bien affiné
1 petite botte de persil plat
30 g de beurre demi-sel
150 g de fromage blanc battu au lait cru
1 jaune d'œuf
Sel fin
Poivre du moulin

Pour la cuisson

50 cl de bouillon de poule d'une poule au pot idéalement

Pour la pâte

1 Verser la farine et le sel fin dans un saladier.
2 Ajouter les œufs et l'huile, bien mélanger à la spatule.
3 Incorporer l'eau froide sans cesser de mélanger à la spatule.
4 Renverser la pâte sur le plan de travail légèrement fariné et pétrir à la main pendant 5 minutes. La pâte doit être lisse et homogène.
5 Aplatir la pâte en disque et l'envelopper de film alimentaire.
6 Laisser reposer à température ambiante pendant la préparation de la farce.

Pour la farce

7 Râper le comté très finement dans un saladier.
8 Hacher finement les feuilles de persil. Dans une poêle, faire mousser le beurre, ajouter le persil et faire cuire environ 10 minutes. Verser le persil et le beurre dans le saladier avec le comté. Ajouter ensuite le fromage blanc et le jaune d'œuf. Saler et poivrer, bien mélanger.
9 Prélever entre 60 et 80 g de la pâte. Le poids est important.
10 Passer au laminoir progressivement. Les bandes de pâte doivent être très fines.
11 Découper des bandes de 8 cm de large approximativement*.
12 Fariner légèrement le plan de travail et placer les bandes à plat.

* Ces ravioles sont un peu plus grandes que les traditionnelles ravioles de Romans. Elles sont plus faciles à faire comme ceci, sans plaque à ravioles.

13 À l'aide d'une cuillère, déposer de petites noisettes de farce au milieu d'une bande, en les espaçant de 3 cm. À l'aide d'un pinceau, mouiller légèrement les quatre bords de la bande de dessous et recouvrir d'une autre bande. Presser les bords avec le bout des doigts pour les souder. Presser également autour de la boule de farce et entre chaque tas pour souder et chasser l'air.
14 Couper l'excédent de pâte avec une roulette à ravioles. Prédécouper les ravioles à la roulette, sans les détacher. Les ravioles doivent rester attachées en bandes.
15 Continuer ainsi avec toute la pâte et la farce.
16 Fariner un linge propre posé sur une planche, déposer les bandes de ravioles au fur et à mesure dessus.
17 Laisser sécher quelques heures au frais.
18 Porter le bouillon de poule à frémissement dans une casserole. Plonger les bandes de ravioles dedans. Faire frémir une minute sans les faire bouillir.
19 Égoutter et servir dans une assiette creuse chaude.
20 Agrémenter d'un peu de crème, de comté râpé et de 1 cuillerée à soupe de bouillon de poule.

Andrée les servait dans un saladier avec une petite soucoupe à l'envers dans le fond pour empêcher les ravioles de se noyer dans le bouillon.

FARCIS

Un plat antigaspi parfait pour accommoder des beaux légumes d'été avec tous les restes. Andrée les préparait pour le repas de l'Amicale des chasseurs pour accompagner ces terrines et tartes mémorables.

Pour 4 personnes
Préparation : 40 min
Cuisson : 45 min

2 oignons blancs moyens
4 gousses d'ail
4 tomates moyennes
4 petites courgettes rondes
2 petites aubergines
2 poivrons rouges
1 botte de persil plat
1 botte de basilic
450 g de restes de viande cuite (agneau, veau, chair à saucisse, bœuf)
20 cl d'huile d'olive
2 cuil. à soupe d'herbes de Provence
Sel fin
Poivre du moulin

1. Éplucher les oignons et les gousses d'ail.
2. Couper les tomates, les courgettes et les oignons aux ⅔. Garder le chapeau.
3. Ouvrir les aubergines et les poivrons en deux dans le sens de la longueur.
4. Retirer la chair de tous les légumes à l'aide d'un petit couteau, la hacher avec l'ail finement. Ciseler le persil et le basilic.
5. Hacher les viandes cuites au couteau et les placer dans un saladier.
6. Chauffer l'huile d'olive dans une poêle, ajouter tous les légumes hachés.
7. Faire suer pendant 15 minutes, saler, poivrer, ajouter les herbes de Provence.
8. Ajouter les herbes fraîches après cuisson, mélanger. Placer dans le saladier avec les viandes cuites, mélanger.
9. Préchauffer le four à 180 °C.
10. Disposer les légumes à farcir dans un grand plat à gratin. Remplir généreusement de farce, replacer les chapeaux des tomates, des courgettes et des oignons.
11. Arroser d'huile d'olive et enfourner pendant 45 minutes.
12. Servir à même le plat avec une belle salade et du petit épeautre de la Drôme.

GÂTEAU D'OMELETTE OU CRESPEOU

Le crespeou, ou crêpe en provençal, est typique de la Provence. Il est composé de couches d'omelette successives ayant, chacune, son propre parfum. Andrée en parlait avec une telle ferveur pendant son entretien avec Mme de Brisis qu'elle a obtenu, haut la main, son premier poste de cuisinière dans une maison bourgeoise.

Pour 6 personnes
Préparation : 20 min
Repos au frais : 12 h
Cuisson : 25 min

1 petit oignon
2 petites tomates
2 cuil. à soupe d'olives noires de Nyons AOP
2 poivrons grillés en bocal
1 picodon AOP
4 cuil. à soupe d'herbes fraîches (basilic, persil, ciboulette)
12 œufs (2 par omelette)
2 cuil. à soupe de pesto
Huile d'olive
Sel et poivre

1. Éplucher et ciseler l'oignon. Couper les tomates en petits dés.
2. Faire revenir l'oignon et les dés de tomates dans une poêle avec un peu d'huile d'olive. Saler, poivrer, réserver.
3. Dénoyauter et hacher les olives.
4. Couper les poivrons grillés en petits dés.
5. Couper le picodon en petits dés.
6. Laver et ciseler les herbes fraîches.
7. Dans plusieurs bols, casser deux œufs par omelette. Saler, poivrer et fouetter.
8. Ajouter le mélange tomates-oignon dans un premier bol et mélanger avec les œufs.
9. Faire de même avec les autres ingrédients : les olives, les poivrons, le picodon, les herbes et le pesto.
10. Huiler légèrement un moule à gâteau de la taille des omelettes.
11. Verser un peu d'huile d'olive dans une poêle bien chaude, verser une première préparation. Faire cuire l'omelette doucement, sans la retourner.
12. Glisser la première omelette dans le moule à gâteau.
13. Faire de même avec les cinq autres omelettes en les superposant dans le moule.
14. Couvrir d'un film alimentaire et placer un poids dessus. Réserver au réfrigérateur une nuit.
15. Le lendemain, retourner le gâteau d'omelette sur un beau plat de service.
16. Déguster le gâteau coupé en parts avec un coulis de tomates frais.

SOUPE D'ORTIES

Cette soupe fraîche et vive figure sur l'ardoise du premier menu d'Andrée dans son restaurant en 1929.

Pour 4 personnes
Préparation : 10 min
Cuisson : 30 min

1 blanc de poireau
4 pommes de terre moyennes
1 grand bouquet de petites feuilles d'ortie
25 g de beurre doux
1,5 l de bouillon de légumes
2 cuil. à soupe de crème fraîche
4 tranches de pain au levain rassis
2 cuil. à soupe d'huile d'olive
Sel
Poivre noir du moulin

1. Laver et émincer le poireau.
2. Éplucher les pommes de terre et les couper en cubes.
3. Enfiler des gants et passer les orties sous l'eau pour retirer le côté urticant, secouer pour sécher.
4. Faire mousser le beurre dans un faitout, ajouter le poireau, faire suer quelques instants. Ajouter la moitié des feuilles d'ortie, saler, poivrer et faire suer 10 minutes avec le poireau à couvert.
5. Ajouter les cubes de pommes de terre et le bouillon de légumes. Faire frémir pendant 30 minutes. Ajouter le reste des feuilles d'ortie*, mixer au mixeur plongeant.
6. Ajouter la crème fraîche, saler, poivrer et mixer à nouveau.
7. Couper le pain rassis en cubes et faire dorer à l'huile d'olive dans une poêle.
8. Servir la soupe chaude avec des croûtons bien dorés.

---

* On ajoute le reste des orties en fin de cuisson pour préserver la belle couleur verte de cette soupe délicieuse.

SOUPE AUX FANES DE RADIS, CAROTTES OU NAVETS

Pendant l'occupation allemande de la Côte d'Azur, Andrée faisait de son mieux pour nourrir la maison Berliet avec sa cuisine des restes. Marius Berliet affectionnait particulièrement le courage d'Andrée et disait d'elle : « Le temps d'un repas, Andrée nous faisait oublier qu'on était en guerre. »

Pour 6 personnes
Préparation : 10 min
Cuisson : 20 min

1 oignon blanc
2 pommes de terre à chair ferme, de taille moyenne
2 courgettes avec la peau*
Fanes d'une botte de radis rose (ou 1 botte de carottes ou 1 botte de navets)
1,5 l de bouillon de légumes
20 cl de crème liquide entière
Sel
Poivre du moulin

1. Éplucher et ciseler l'oignon.
2. Éplucher les pommes de terre, les couper en cubes. Couper les courgettes en cubes. Laver les fanes de radis.
3. Dans une cocotte, faire mousser le beurre, ajouter l'oignon, faire suer quelques instants. Ajouter les pommes de terre et les courgettes, faire suer encore 5 minutes. Saler, poivrer.
4. Ajouter les fanes de radis (ou de carottes ou navets). Mélanger.
5. Verser ensuite le bouillon de légumes, porter à ébullition, baisser le feu et faire cuire à couvert pendant 20 minutes.
6. Au dernier moment, ajouter la crème et mixer au mixeur plongeant.
7. Goûter et rectifier l'assaisonnement.
8. Décorer d'un filet de crème avant de servir chaud.

---

* La courgette va apporter de l'onctuosité sans ajouter trop de pommes de terre. La peau va apporter une touche de vert vif à la soupe.

Des conserves pour l'hiver

C'est dans sa deuxième famille d'accueil, chez Lil et Louis Samuel, qu'Andrée se lance réellement dans la cuisine. Elle a alors 13 ans.
Lil, très attachée à Andrée, lui transmet avec fierté « ses recettes et tours de main » ainsi que tous « les secrets d'une bonne cuisinière ». Andrée, très appliquée, écrit tout dans son petit carnet le soir, avant de dormir. Ce carnet la suivra de nombreuses années et aurait même attiré l'œil d'Albert Camus.
C'est auprès de Lil qu'Andrée découvre l'importance de respecter la richesse du terroir que nous avons « à portée de main ». Elle apprend à transformer tous ces produits d'exception dans le but de les consommer tout au long de l'année.
Il y a le jour des sirops, confitures et gelées lorsque les fruits mûrs et « encore chauds de l'été » s'accumulent sur la table.
Puis le jour des conserves, « poivrons, oignons, tomates prunes à l'eau-de-vie, la promesse réconfortante pour l'hiver à venir ».
La plus laborieuse de ces préparations est bien celle de la pâte de coings... mais quelle récompense ! Le délice de ces « carrés cuivrés fondant sous la langue » en vaut vraiment la peine !

La plus laborieuse de ces préparations est bien celle de la pâte de coings... mais quelle récompense ! Le délice de ces « carrés cuivrés fondant sous la langue » en vaut vraiment la peine !

PÂTE DE COINGS

Recette de la Haute-Provence de Mme Danielle di Carlo Simon, la maman de ma chère amie Magali, cette recette fait partie des treize desserts de Noël. Mme di Carlo Simon tient la recette de sa maman Marie Louise Reymond di Carlo et de sa belle-mère Marie Antoinette Piazza Simon. C'est ce que l'on appelle la véritable transmission provençale.

Pour 1 kg de purée de coings
Préparation : 30 min
Temps de repos : 6 h
Cuisson : 25 min et ensuite 1 h
Temps de prise : 1 mois

10 coings
800 g de sucre (pour 1 kg de purée de fruits)
Eau
200 g de sucre cristal

La cuisson des coings

1 Faire tremper les coings dans l'eau froide. Brosser vigoureusement pour retirer le duvet « la peluche » sur la peau. Ne pas les éplucher.
2 Couper les coings en quatre, retirer la queue, les pépins et le cœur à l'aide d'un petit couteau.
3 Emballer les cœurs et les pépins dans une gaze, fermer avec une ficelle de cuisine.
4 Placer tous les quartiers de coings dans un grand saladier rempli d'eau pour empêcher l'oxydation.
5 Dans une grande marmite, déposer les quartiers de coings, couvrir à hauteur d'eau froide.
6 Porter à ébullition et faire cuire pendant 20 à 25 minutes. La chair doit être tendre.

Préparation de la pâte de coings

1 Égoutter les coings, les passer au presse-purée ou au moulin à légumes. Peser la purée, il faut 1 kg.
2 Verser la purée dans une marmite à confiture en cuivre de préférence. Ajouter 800 g de sucre en poudre. Ajouter la gaze fermée contenant les cœurs et les pépins. C'est cette petite bourse qui va apporter la pectine nécessaire.
3 Laisser reposer la purée avec le sucre et la gaze dans la marmite pendant 6 heures.
4 Au bout de ce temps, chauffer la marmite à feu très doux et commencer à mélanger à la spatule. Lorsque la gélatine se libère de la gaze, l'incorporer délicatement au mélange.
5 Mélanger régulièrement afin d'empêcher la préparation de s'accrocher au fond et éviter trop d'amertume.

•••

•••

6 Faire cuire ainsi entre 45 et 60 minutes. La préparation doit passer de couleur blond clair à orangée.
7 Chemiser des plats creux ou des cadres à pâtisserie avec une feuille de papier sulfurisé. Verser la préparation à entre 2 et 4 cm de hauteur, lisser.
8 Réserver dans un endroit frais sans couvrir, mais pas au réfrigérateur.
9 Au bout de 2 ou 3 jours, démouler à l'aide du papier sulfurisé. Couper en carrés. Placer les carrés sur une plaque et laisser sécher à l'air libre pendant 1 mois pour un séchage complet.
10 Si vous êtes pressé, couler la purée à 2 cm d'épaisseur. Laisser sécher 3 à 4 jours, retourner les carrés et poursuivre le séchage encore 4 jours.
11 Enrober les carrés de sucre cristallisé, si vous souhaitez. La pâte de coings se conserve dans une boîte hermétique au moins 2 ans.

TERRINE DE CHEVREUIL AUX PISTACHES

Cette terrine fait honneur à la Drôme, terre de chasse prisée. Celle-ci est faite à base de chevreuil, mais elle serait aussi délicieuse préparée avec de la bécasse, gibier d'exception très apprécié dans la Drôme.

Pour une terrine de 18 cm,
6 à 8 personnes
Préparation : 40 min
Marinade : 24 h
Repos : 8 h
Cuisson : 1 h 30

2 oignons blancs
2 gousses d'ail
500 g d'épaule de chevreuil
500 g d'échine de porc
2 branches de thym
130 g de pistaches décortiquées, entières et non salées
2 baies de genièvre
5 cl d'armagnac
5 cl de porto rouge
2 œufs battus
1 crépine de porc lavée et séchée
3 feuilles de laurier
10 g de sel
Poivre du moulin

1. Éplucher l'ail et les oignons. Couper les viandes en petits cubes, les placer dans un grand saladier avec les gousses d'ail, les oignons en entier, le thym, 30 g de pistaches, les baies de genièvre, le sel et quelques tours de moulin à poivre.
2. Ajouter l'armagnac et le porto. Bien mélanger.
3. Couvrir avec un film alimentaire, laisser mariner au moins 24 heures au frais.
4. Égoutter les viandes et les oignons, conserver la marinade.
5. Hacher les viandes au hachoir avec la grille moyenne. Hacher les oignons et les gousses d'ail finement au couteau.
6. Placer tous les ingrédients (la viande hachée, l'oignon, l'ail et toutes les pistaches) dans un saladier et ajouter les œufs battus, le reste de marinade, saler, poivrer. Bien mélanger.
7. Préchauffer le four à 180 °C.
8. Tapisser une terrine de 18 cm de long avec la crépine lavée et séchée.
9. Ajouter la préparation, bien tasser, déposer les feuilles de laurier sur le dessus et rabattre la crépine sur la préparation. Placer dans le four un grand plat à gratin rempli au ⅔ d'eau chaude. Couvrir la terrine avec le couvercle et la placer dans le bain-marie. Enfourner pour 1 h 30, retirer le couvercle 30 minutes avant la fin de la cuisson.
10. Laisser refroidir à température ambiante et ensuite conserver au réfrigérateur pendant au moins 8 heures avant de déguster.
11. Servir avec du bon pain au levain grillé et des pickles de légumes.

PÂTES AU PISTOU

Un grand classique provençal à déguster tout l'été quand le basilic est si parfumé. Ce plat, souvent à la carte au Café de la Poste, faisait le bonheur des villageois de Venterol.

Pour 4 personnes
Préparation : 15 min
Cuisson : 3 min

50 g de pignons de pin
50 g de parmesan fraîchement râpé
2 gousses d'ail de la Drôme
1 grosse botte de feuilles de basilic
20 cl d'huile d'olive de Nyons
600 g de tagliatelles fraîches
Sel
Poivre noir du moulin

1 Faire légèrement torréfier les pignons dans une poêle chaude sans matière grasse.
2 Râper le parmesan, peler et dégermer les gousses d'ail. C'est important pour enlever l'amertume. Couper grossièrement les feuilles de basilic.
3 Dans un mortier, de préférence en granit ou en marbre, écraser l'ail avec le basilic et l'huile d'olive à l'aide du pilon. Ajouter les pignons torréfiés et le parmesan râpé pour obtenir une pommade onctueuse. Saler et poivrer.
4 Le pistou peut se faire au robot, mais attention à ne pas trop mixer le basilic au risque de l'oxyder.
5 Garder au frais recouvert d'un film alimentaire.
6 Cuire les tagliatelles 3 minutes dans une casserole d'eau bouillante salée (compter 10 g de sel/litre d'eau et 1 litre d'eau/100 g de pâtes).
7 Égoutter et conserver un peu d'eau de cuisson.
8 Placer les tagliatelles dans un plat en terre cuite chauffé, de préférence. Ajouter le pistou, mélanger avec soin. Ajouter un peu d'eau de cuisson des pâtes et mélanger pour enrober les tagliatelles de sauce.
9 Servir chaud.

GRATIN DAUPHINOIS DU PAUVRE

Andrée appelait ces recettes inventives « Celles des derniers jours avant la paye ». Les recettes des jours difficiles car « Les jours difficiles reviennent aussi sûrement que l'alouette ».

Pour 6 personnes
Préparation : 15 min
Cuisson : 1 h

1 kg de pommes de terre de taille moyenne et à chair ferme
1 gousse d'ail
200 g d'olives noires de Nyons
4 feuilles de laurier
8 brins de thym
3 cuil. à soupe d'huile d'olive de Nyons
50 cl de bouillon de légumes peu salé*
Sel
Poivre du moulin

1 Préchauffer le four à 170 °C.
2 Éplucher les pommes de terre, les couper en rondelles d'environ 1 cm d'épaisseur.
3 Frotter un plat à gratin avec la gousse d'ail.
4 Répartir les rondelles de pommes de terre dans le plat à gratin.
5 Dénoyauter les olives, les couper en deux, les ajouter dans le plat avec les pommes de terre. Ajouter les quatre feuilles de laurier, les brins de thym et l'huile d'olive.
6 Saler, poivrer et bien mélanger.
7 Verser le bouillon de légumes et enfourner à 170 °C pendant 1 heure.
8 Arroser les pommes de terre régulièrement avec le jus de cuisson.
9 Servir chaud à même le plat.

---

* Vous pouvez faire un bouillon de légumes minute en faisant bouillir toutes vos chutes de légumes (pelures d'oignon, épluchures de carottes, verts de poireau...) dans un litre d'eau pendant 30 minutes. Si vous utilisez un bouillon cube, le choisir bio et réduit en sel.

LA PANA

Cette délicieuse tarte à la courge et à la frangipane figure parfois parmi les treize desserts de Noël provençal selon la localité et les traditions familiales. Une sorte d'ancêtre de la *Pumpkin pie* américaine qu'Andrée va découvrir quelques années plus tard de l'autre côté de l'Atlantique.

Pour 6 personnes
Préparation : 1 h
Repos : 1 h
Cuisson : 50 min

Pour la pâte sablée

250 g de farine de blé + un peu pour le plan de travail
140 g de beurre doux, froid
85 g de sucre glace
30 g de poudre d'amandes
3 jaunes d'œufs

Pour la crème pâtissière

25 cl de lait entier
2 jaunes d'œufs
60 g de sucre en poudre
30 g de farine

Pour la crème d'amande

60 g de beurre mou
100 g de sucre en poudre
4 œufs
1 cuil. à café d'extrait d'amande amère
150 g de poudre d'amandes
50 g de farine

Pour la purée de courge

300 g de courge musquée de Provence
Sel

Pour la cuisson

60 g d'amandes grillées et hachées
1 jaune d'œuf

Préparer la pâte sablée

1 Dans un saladier, verser la farine et ajouter le beurre froid en petits cubes. Mélanger du bout des doigts, la texture doit être sableuse. Ajouter le sucre glace et la poudre d'amandes, mélanger et ajouter les jaunes d'œufs. Verser la pâte sur un plan de travail fariné, la travailler jusqu'à ce qu'elle soit homogène. La rouler en boule, l'aplatir avec la paume de la main, couvrir de film alimentaire et réserver au frais pendant 1 heure.

Préparer la purée de courge

2 Éplucher un morceau de 300 g de courge musquée et le couper en cubes. Faire cuire dans l'eau bouillante salée pendant environ 18 minutes. Égoutter soigneusement et écraser au presse-purée. Réserver.

Préparer la crème pâtissière

3 Porter le lait à ébullition dans une casserole.
4 Fouetter vigoureusement les jaunes d'œufs et le sucre dans un saladier. Ajouter la farine, fouetter. Délayer avec le lait bouillant, mélanger et reverser dans la casserole.
5 Porter à ébullition tout en mélangeant au fouet et cuire pendant 3 minutes.
6 Verser la crème dans un plat, recouvrir de film alimentaire, laisser refroidir puis placer au frais pendant 1 heure.

Préparer la crème d'amande

7 Couper le beurre en dés. Placer le beurre mou dans un saladier, ajouter le sucre, fouetter vigoureusement. Ajouter les œufs et l'extrait d'amande amère, fouetter.
8 Ajouter ensuite la poudre d'amandes, mélanger. Ajouter la farine, mélanger à nouveau.
9 Détendre la crème pâtissière bien froide au fouet, ajouter la crème d'amande et mélanger. Ajouter la purée de courge bien égouttée, mélanger.

10 Retirer ⅓ de la pâte. Étaler les ⅔ restants au rouleau à pâtisserie. Placer dans un moule à tarte légèrement beurré.
11 Verser la préparation, lisser à la spatule. Répartir les amandes grillées et hachées sur le dessus.
12 Étaler le premier ⅓ de la pâte et découper des bandes à l'aide d'une roulette dentelée.
13 Placer les bandes assez serrées sur le dessus de la tarte de façon à la couvrir.
14 À l'aide d'un couteau pointu, dessiner des losanges.
15 Dorer au jaune d'œuf et enfourner à 180 °C pendant 45 à 50 minutes.
16 Laisser refroidir un peu avant de servir.

BACHIQUELLES DE MARDI GRAS

Ces petites pâtisseries de la famille des beignets sont préparées au moment de Mardi gras.
Leur parfum de fleur d'oranger nous transporte directement dans le Sud.
Elles deviennent rapidement une des nombreuses spécialités d'Andrée.

Pour 6 personnes
Préparation : 20 min
Repos : 30 min
Cuisson : 5 min

300 g de farine type 55 + un peu pour le plan de travail
1 sachet de levure chimique
2 cuil. à soupe de sucre en poudre
1 pincée de sel
2 jaunes d'œufs
4 cuil. à soupe d'huile d'olive
2 cuil. à café d'eau de fleur d'oranger
20 cl d'eau
Huile de friture
Sucre en poudre pour la décoration

1. Dans un saladier, mélanger la farine, la levure, le sucre et la pincée de sel.
2. Creuser un puits et verser les œufs, l'huile d'olive et l'eau de fleur d'oranger. Mélanger.
3. Délayer avec l'eau et pétrir quelques minutes. La pâte ne doit plus être collante.
4. Former une boule, la placer dans le saladier, couvrir et laisser reposer 30 minutes.
5. Fariner légèrement le plan de travail et étaler la pâte au rouleau à 3 mm d'épaisseur environ.
6. Couper des rectangles de pâte de 10 cm × 5 cm à l'aide d'une roulette dentelée. Avec cette même roulette, faire une petite entaille de 5 cm de long au centre de chaque rectangle.
7. Chauffer dans une casserole l'huile de friture à 160 °C. Faire dorer les bachiquelles dans l'huile chaude 3 ou 4 à la fois. Les débarrasser sur du papier absorbant, saupoudrer de sucre.
8. Servir chaud.

BEIGNETS SUCRÉS DE L'AVENT

Ces petits beignets sur une base de pâte à choux sont dingues, surtout quand ils sortent de la friture, tout dorés et habillés d'un léger voile de sucre glace ! À l'instar des bachiquelles de Mardi gras, Andrée préparait ces beignets comme personne.

Pour 4 personnes
Préparation : 15 min
Cuisson : 10 min

20 cl d'eau
1 cuil. à soupe d'eau de fleur d'oranger
1 pincée de sel
1 cuil. à soupe de sucre vanillé
50 g de beurre
125 g de farine
4 œufs
Huile de friture
Sucre glace

1 Dans une casserole, verser l'eau, le sel, le sucre vanillé et le beurre.
2 Porter doucement à ébullition, retirer du feu et ajouter la farine d'un coup.
3 Mélanger énergiquement à la spatule. Remettre sur le feu et mélanger une minute pour sécher la pâte.
4 Hors du feu, ajouter les œufs, un à un, bien mélanger, comme pour la pâte à choux.
5 Ajouter l'eau de fleur d'oranger, bien mélanger.
6 Chauffer l'huile de friture à 180 °C dans une casserole.
7 À l'aide d'une cuillère à café, faire tomber des petites boules de pâte dans l'huile de friture délicatement. Vous pouvez aussi verser la pâte dans une poche à douille et la faire tomber dans l'huile en la coupant avec des ciseaux, comme pour les churros.
8 Faire dorer les beignets, les retirer sur du papier absorbant.
9 Saupoudrer de sucre glace et déguster chaud.

CAFÉ
des Autobus
AGENCE DESPALLE

Le Café de la Poste

« Andrée retrouve le plaisir des achats du jeudi au marché de Nyons, qu'elle complète chez les jardiniers et paysans du village satisfaits de ce débouché pour leurs produits. Elle commande son poisson aux pêcheurs du coin, le gibier aux chasseurs qui, de fournisseurs, deviennent clients. De même pour la volaille et les fruits des vergers alentour. Les gamins du coin vendent pour quelques pièces paniers d'escargots et filets d'écrevisses. Marie se charge de cuire le pain dans le four communal et les habitants prennent petit à petit l'habitude de s'arrêter sur la place aux platanes qui devient dans le langage commun : "Chez l'Andrée."
Un plat du jour et un dessert, un seul service le midi. Le café reste ouvert aux joueurs de cartes et aux verres de l'amitié comme à ceux plus solitaires qui cherchent compagnie. »

Extrait du roman *La Cuisinière des Kennedy* p. 101

SOUFFLÉ AU FROMAGE

**Incontournable et indétrônable, le soufflé d'Andrée !
La réputation de son soufflé au fromage est arrivée jusqu'aux oreilles du correspondant du journal local. Il s'est empressé de venir au *Café de la Poste* pour le goûter et tenter de soutirer sa recette à notre talentueuse cuisinière.**

Pour 6 personnes
Préparation : 20 min
Cuisson : 35 min

5 œufs
150 g de fromage râpé (comté ou picodon de la Drôme affiné de plus d'un mois)
100 g de beurre doux + 20 g pour le moule
100 g de farine + 20 g pour le moule
50 cl de lait demi-écrémé
Noix de muscade
Sel
Poivre du moulin

1 Séparer les blancs des jaunes d'œufs (il faut quatre jaunes et cinq blancs).
2 Râper le fromage. Le comté est parfait pour un soufflé, mais si vous voulez rester dans la Drôme, essayer un picodon bien affiné de plus d'un mois, pour pouvoir le râper.

Préparer la béchamel

3 Faire mousser le beurre dans une casserole, ajouter la farine d'un coup. Remuer au fouet pendant 1 minute pour cuire la farine.
4 Verser le lait, porter à ébullition tout en mélangeant sans cesse au fouet pour enlever les grumeaux. Le mélange doit être lisse, homogène et assez épais. Retirer du feu, saler, poivrer et ajouter la noix de muscade râpée.
5 Verser la béchamel dans un saladier et laisser tiédir.
6 Ajouter les jaunes d'œufs dans la béchamel tiède, mélanger.
7 Monter les blancs en neige ferme. Les incorporer délicatement à la spatule dans le mélange précédent. Ajouter le fromage râpé, mélanger.
8 Beurrer et fariner un moule à soufflé en grès ou en céramique.
9 Régler le four à 180 °C en chaleur statique et non en chaleur tournante. Placer le moule dans le bas du four et cuire pendant 35 minutes.
10 Surtout, ne pas ouvrir la porte pendant la cuisson.
11 Servir chaud, à la sortie du four.

VELOUTÉ DE CÈPES, CROÛTONS AILLÉS ET GÉSIERS CONFITS

À l'arrivée de l'automne et de la saison de la cueillette, ce velouté de cèpes est une parfaite entrée en matière. Andrée connaissait les bois de la Drôme sur le bout des doigts et, dès les premières feuilles tombées, on pouvait l'apercevoir, accroupie sous les arbres, le tablier plein de cèpes.

Pour 4 personnes
Préparation : 15 min
Cuisson : 20 min

Pour le velouté
2 échalotes
350 g de cèpes
25 g de beurre doux
1 gousse d'ail
50 cl de bouillon de volaille
40 cl de crème liquide entière
Sel fin
Poivre du moulin

Pour les croûtons
4 tranches de pain au levain rassis
1 gousse d'ail
2 cuil. à soupe d'huile d'olive

Pour les gésiers
250 g de gésiers confits
½ botte de ciboulette

1. Éplucher et émincer les échalotes. Brosser les cèpes et les émincer. Garder quatre petits cèpes pour la décoration.
2. Faire mousser le beurre dans une cocotte, ajouter les échalotes et l'ail, faire suer pendant 2 minutes.
3. Ajouter les cèpes, saler et faire suer pendant 5 minutes. Verser le bouillon de volaille et laisser cuire à feu doux pendant 20 minutes environ. Ajouter ensuite la crème liquide, porter à ébullition et retirer du feu.
4. Mixer au mixeur plongeant ou au blender, goûter et assaisonner de sel et de poivre.

Pour les croûtons

5. Couper le pain rassis en cubes. Éplucher et hacher l'ail.
6. Chauffer l'huile d'olive dans une grande poêle, ajouter l'ail et les cubes de pain.
7. Faire dorer quelques minutes, débarrasser sur du papier absorbant.
8. Chauffer les gésiers confits 2 minutes dans une poêle chaude, sans matière grasse, débarrasser. Ciseler la ciboulette. Couper les cèpes entiers réservés en fines lamelles.
9. Servir le velouté chaud dans des assiettes creuses, décorer de lamelles de cèpes, de gésiers coupés en deux, de croûtons et de ciboulette ciselée.

FROMAGE ÉGOUTTÉ AUX HERBES

Ce petit fromage frais, qui rappelle la cervelle de canut lyonnaise, faisait partie des trois premiers plats inscrits sur l'ardoise du restaurant d'Andrée - Le Café de la Poste - à Venterol.

Pour 4 personnes
Préparation : 10 min

250 g de faisselle
1 échalote
1 oignon nouveau
2 cuil. à soupe de persil plat
2 cuil. à soupe de ciboulette
1 gousse d'ail
2 cuil. à soupe d'huile d'olive
1 cuil. à soupe de vinaigre de vin
Sel
Poivre du moulin

1 Égoutter la faisselle dans son pot ou dans un linge.
2 Éplucher et ciseler l'échalote. Émincer finement la partie blanche de l'oignon nouveau.
3 Hacher le persil plat et la ciboulette. Peler, dégermer et hacher l'ail.
4 Placer la faisselle égouttée dans un petit saladier. Ajouter l'échalote, l'oignon, l'ail et les herbes hachées. Mélanger à la cuillère.
5 Ajouter l'huile d'olive, le vinaigre de vin, saler, poivrer, mélanger au fouet.
6 Servir frais avec du bon pain grillé ou avec des pommes de terre en robe des champs.

GRATIN DE COURGE SOLEIL AU CURRY ET AU SAFRAN

Cette recette change un peu de celle d'Andrée qui ajoutait toujours une béchamel dans ses gratins. Je l'ai un peu allégée en remplaçant la béchamel par de la crème parfumée aux épices qui se marie merveilleusement bien avec la douceur de la courge.

Pour 6 personnes
Préparation : 20 min
Cuisson : 40 min

1,5 kg de courge musquée de Provence ou de potimarron
3 cuil. à soupe d'huile d'olive + 1 filet
200 g de crème fraîche épaisse
1 cuil. à café de curry doux
1/2 cuil. à café de piment de Cayenne
1 pincée de noix de muscade râpée
1 pincée de filaments de safran
200 g de gruyère râpé
75 g de panko*
Thym frais
Sel
Poivre du moulin

1 Préchauffer le four à 200 °C.
2 Éplucher la courge et la couper en fines tranches (le potimarron n'a pas besoin d'être épluché, mais la courge musquée, oui).
3 Placer les tranches de courge sur une plaque allant au four, arroser d'huile d'olive, saler et poivrer. Enfourner à 200 °C pendant 15 minutes.
4 Pendant ce temps, préparer la crème.
5 Fouetter la crème fraîche avec les épices et les filaments de safran, ajouter un filet d'huile d'olive, saler, poivrer, bien mélanger.
6 Dresser les tranches de courge debout, sur la tranche, dans un plat à gratin. Étaler la crème sur les tranches de courge. Parsemer de gruyère râpé et de panko.
7 Enfourner à 200 °C pendant 35 à 40 minutes.
8 Décorer de thym frais et servir chaud à même le plat à gratin.

---

* Chapelure japonaise croustillante disponible dans des épiceries asiatiques.

Un restaurant à soi

À l'âge de 20 ans, Andrée épouse Léopold Imbert, 34 ans, propriétaire, cultivateur et cafetier au *Café de la Poste* à Venterol.

Ça y est : plus de famille d'accueil, plus de gages, plus d'Assistance publique. Andrée est libre. Libre de commencer sa vie de cuisinière.

Dès la fin du repas de noces, elle rêve déjà d'un restaurant bien à elle. Un *Café de la Poste*... en mieux.

Sa réputation se répand rapidement dans toute la région, et les clients viennent de loin pour goûter à sa cuisine joyeuse.

Elle parvient à convaincre Léopold d'effectuer quelques travaux pour rendre le café plus accueillant et la cuisine plus fonctionnelle.

Au début, Andrée propose une cuisine simple, sans prétention : un plat du jour et un dessert, servis uniquement le midi.

Au printemps 1929, elle inscrit pour la première fois un menu sur l'ardoise de son « restaurant », qui compte cinq tables à l'intérieur et deux à l'extérieur, de chaque côté de la porte :

Soupe d'orties
Pâtes au pistou
Fromage égoutté aux herbes

Et c'était parti !

Andrée retrouve le plaisir de faire le marché de Nyons, de choisir les meilleurs produits, de négocier les prix et de compléter ses achats chez les jardiniers et paysans voisins.

Sa réputation se répand rapidement dans toute la région, et les clients viennent de loin pour goûter à sa cuisine joyeuse.

La bécasse, gibier de choix dans la région, devient l'une de ses spécialités.

Elle maîtrise le soufflé au fromage comme personne. Sa tarte aux pommes fait la une du journal local.
Et même le patron du grand hôtel de Venterol se fait rapporter son velouté d'écrevisses, bien meilleur que celui de son propre chef !
La cuisine d'Andrée évolue peu à peu : elle devient plus raffinée, plus bourgeoise, plus ambitieuse...
Plus grande que le modeste *Café de la Poste*.

CAILLETTES AUX HERBES SAUVAGES

**Encore une belle recette de cueillette !
Andrée a appris à faire cette recette lorsqu'elle était toute jeune dans la Drôme.
Elle l'a notée dans son précieux carnet pour pouvoir la reproduire dans les différentes maisons où elle officiait.**

Pour 6 personnes
Préparation : 30 min
Cuisson : 2 h
Repos au frais : 1 h

2,5 kg d'herbes sauvages crues au choix (oseille, blettes, épinards, roquette, pissenlit) pour faire 1,5 kg cuit
1,5 kg de gorge de porc fermier
4 feuilles de sauge
300 g de foies de porc fermier
6 g d'épices Rabelais (spécialité marseillaise, ou, à défaut, quatre-épices)
2 brins de thym frais
30 g de sel
2 g de poivre du moulin
200 g de crépine de porc
Gros sel

1 Retirer les tiges des herbes. Bien laver et essorer.
2 Remplir une grande marmite d'eau, porter à ébullition, saler au gros sel.
3 Préparer un grand saladier d'eau glacée.
4 Plonger les herbes dans l'eau bouillante pendant 1 minute, les retirer à l'aide d'une écumoire, les plonger ensuite dans l'eau glacée. Garder l'eau de cuisson.
5 Égoutter les herbes dans un torchon, presser pour retirer un maximum d'eau. Peser les herbes, vous aurez besoin de 1,5 kg d'herbes cuites.
6 Dans l'eau de cuisson des herbes, blanchir la gorge de porc pendant 2 minutes. Retirer la viande et la couper en lanières, elle sera plus facile à hacher ainsi.
7 Passer les herbes et les feuilles de sauge au hachoir à la grosse grille*.
8 Passer ensuite la gorge de porc et ensuite le foie au hachoir. Placer dans un saladier.
9 Ajouter le sel, le poivre, les épices et le thym frais.
10 Bien malaxer pendant plusieurs minutes. La préparation doit être homogène.
11 Couvrir d'un film alimentaire et placer au frais pendant 1 heure.
12 Sortir le mélange du réfrigérateur et façonner des boules de farce d'environ 150 g.

•••

* Si vous n'avez pas de hachoir, vous pouvez mixer grossièrement au robot.

•••

13 Passer la crépine sous l'eau, la sécher. Couper des cercles assez grands pour bien envelopper les boules de farce.
14 Placer les caillettes côte à côte dans un plat, elles doivent être assez serrées pour ne pas s'ouvrir à la cuisson.
15 Cuire au four à 120 °C pendant 1 heure, monter la température à 150 °C et poursuivre la cuisson pendant encore 1 heure.
16 Servir les caillettes chaudes ou tièdes accompagnées d'un coulis de tomates ou de poivrons maison et de pickles de légumes.

POULE AU POT À L'ANCIENNE, SAUCE POULETTE

Andrée proposait cette belle recette traditionnelle régulièrement le dimanche au Café de la Poste. Son menu dominical rencontrait un succès immédiat et les réservations affluaient même au-delà de Venterol.

Pour 6 personnes
Préparation : 30 min
Cuisson : 2 h

Pour la poule au pot

1 oignon blanc
1 clou de girofle
1 poule de 2 kg
1 feuille de laurier
6 navets
6 carottes
6 poireaux
1 cuil. à soupe de gros sel
4 grains de poivre

Pour la sauce poulette

20 g de beurre
1 cuil. à soupe de farine
3 cuil. à soupe de crème fraîche
Jus de ½ citron
Sel
Poivre

1 Éplucher l'oignon, le piquer du clou de girofle.
2 Placer la poule nettoyée et ficelée dans un grand faitout, remplir d'eau froide. Ajouter l'oignon, la feuille de laurier, le gros sel et les grains de poivre.
3 Porter à ébullition, écumer et baisser le feu.
4 La poule doit cuire à petits bouillons 2 bonnes heures.
5 Laver et éplucher les navets et les carottes. Laver soigneusement les poireaux, les ficeler ensemble. Au bout de 1 heure de cuisson, ajouter les carottes et les navets. Ajouter les poireaux ficelés 30 minutes après.

Préparer la sauce poulette

6 Faire mousser le beurre dans une casserole. Ajouter la farine d'un coup, mélanger au fouet sur feu doux.
7 Prélever trois louches de bouillon de poule directement du faitout. Ajouter le bouillon petit à petit en fouettant sans cesse. La sauce va s'épaissir. Saler et poivrer.
8 Ajouter la crème fraîche et le jus de citron au moment de servir. Bien mélanger.
9 Retirer la poule et les légumes du bouillon*.
10 Découper la poule et dresser sur un grand plat chaud avec les légumes autour. Servir la sauce à part.

* Filtrer le bouillon et le réserver au frais ou le congeler. Il sera parfait pour vos soupes et veloutés et surtout avec les petites ravioles de Romans !

POULE AU RIZ

Voici une variante réconfortante et consistante de la poule au pot. Cette recette faisait partie des incontournables qu'Andrée et son mari Léopold avaient pris l'habitude de servir le dimanche dans leur restaurant qui ne désemplissait plus.

Pour 6 personnes
Préparation : 5 min
Cuisson : 10 min

20 g de beurre doux
280 g de riz long
420 g de bouillon de poule
Sel fin

1. Faire mousser le beurre dans une casserole. Ajouter le riz, remuer pour enrober le riz de beurre.
2. Verser le bouillon pris directement dans le faitout.
3. Mélanger, saler et cuire à feu moyen à couvert pendant 10 minutes.
4. Retirer le couvercle et égrainer à la fourchette.
5. Servir le riz chaud avec la poule, les légumes et la sauce poulette.

TOMATES FARCIES DE LA FIN DE L'ÉTÉ

Andrée adorait ce genre de recette goûteuse et sans prétention. Les tomates de fin d'été gorgées de soleil et parfumées à souhait sont parfaites pour cette recette.

Pour 4 personnes
Préparation : 20 min
Cuisson : 1 h

8 belles tomates rondes
4 gousses d'ail
2 oignons nouveaux
1 botte de basilic
½ botte de persil plat
480 g de restes de viande cuite* (bœuf, veau, porc)
2 cuil. à soupe d'huile d'olive + pour la cuisson au four
Sel
Poivre du moulin

1 Couper le haut des tomates à l'aide d'un couteau-scie.
2 Évider les tomates à l'aide d'une petite cuillère, garder la chair.
3 Saler l'intérieur des tomates et les retourner sur une grille le temps de faire la farce.
4 Hacher la chair des tomates.
5 Éplucher l'ail, hacher finement. Émincer les oignons nouveaux, y compris leur vert.
6 Ciseler le basilic, garder quelques belles feuilles pour la décoration.
7 Ciseler le persil plat.
8 Hacher toutes les viandes au couteau ou au robot.
9 Chauffer l'huile d'olive dans une grande poêle. Faire suer l'ail et les oignons nouveaux.
10 Ajouter la viande hachée, mélanger. Ajouter la chair des tomates, saler, poivrer. Ajouter le basilic et le persil, bien mélanger.
11 Faire mijoter 15 minutes pour réduire le jus des tomates.
12 Placer les tomates dans un grand plat en terre. Farcir généreusement, couvrir avec le petit chapeau.
13 Arroser d'huile d'olive et enfourner à 180 °C pendant 1 heure.
14 Servir avec un bon riz pilaf ou de la polenta crémeuse bien arrosés de jus de cuisson.
15 Décorer de feuilles de basilic fraîches.

* Pour une variante ultragourmande, remplacer les restes de viande par de la viande de canard confite.

SAUCISSES AUX HERBES À L'IVROGNE

Dans la Drôme, le terme « herbes » désigne plutôt les légumes-feuilles comme la salade, les épinards ou le vert des blettes, omniprésents dans la Drôme. Ces saucisses savoureuses cuites dans un reste de vin rouge ont fait l'unanimité au modeste *Café de la Poste* de Venterol.

Pour 4 personnes
Préparation : 10 min
Cuisson : 30 min

4 gousses d'ail
2 oignons blancs
1 cuil. à soupe d'huile d'olive de Nyons
4 belles saucisses aux herbes
4 brins de thym
1 feuille de laurier
1 cuil. à soupe de farine
25 cl de vin rouge tannique comme un vinsobres AOP de la Drôme
3 grains de poivre

1. Éplucher et écraser les gousses d'ail. Éplucher les oignons et les émincer finement.
2. Faire chauffer l'huile d'olive dans une cocotte. Faire revenir les gousses d'ail écrasées et les oignons. Les retirer de la cocotte.
3. Faire dorer les saucisses sur toutes les faces. Remettre les oignons et l'ail dans la cocotte avec le thym et le laurier. Ajouter la farine, mélanger à la spatule en bois pendant 30 secondes environ.
4. Ajouter le vin rouge, petit à petit, en mélangeant à la spatule. Ajouter les grains de poivre et faire mijoter pendant 30 minutes à découvert.
5. Servir les saucisses avec une belle salade croquante à l'ail.

TARTE AUX POMMES ET À LA GELÉE DE POMMES

Lorsque Andrée et Léopold décident d'ouvrir leur restaurant le dimanche, le succès ne se fait guère attendre. La fameuse tarte aux pommes d'Andrée se retrouve bien vite au centre de toutes les tables...

Pour 6 personnes
Préparation : 20 min
Repos : 20 min
Cuisson : 40 min

100 g de beurre doux froid + 10 g pour le moule
250 g de farine+ 15 g pour le moule
75 g de sucre en poudre
1 pincée de sel
3 jaunes d'œufs
6 cl d'eau
8 pommes reinette*
Jus de 1 citron
3 cuil. à soupe de cassonade

Pour la gelée

Trognons et épluchures des pommes, environ 250 g
75 cl d'eau
450 g de sucre en poudre
Jus de 1 citron

1 Découper le beurre en cubes.
2 Verser la farine sur le plan de travail, faire un petit puits au centre.
3 Ajouter le beurre froid en cubes, le sucre et le sel. Mélanger avec le bout des doigts et ensuite en frottant entre les paumes des mains. La pâte doit avoir une consistance sableuse. Former un nouveau puits au centre, ajouter les jaunes d'œufs et l'eau. Mélanger en ajoutant la pâte sableuse petit à petit. Pétrir doucement sans trop travailler la pâte.
4 Former une boule, l'aplatir avec la paume de la main, recouvrir d'un film alimentaire et placer au frais pour 20 minutes.
5 Pendant ce temps, éplucher les pommes, réserver les trognons et la peau pour la gelée.
6 Couper les pommes en quartiers et les placer dans un saladier. Arroser de jus de citron, mélanger.
7 Beurrer et fariner un moule à tarte en céramique.
8 Sortir la pâte, étaler au rouleau à pâtisserie à environ 6 mm d'épaisseur.
9 Placer la pâte dans le moule à tarte, couper l'excédent de pâte.
10 Garnir de quartiers de pommes, sur la tranche et en rosace.
11 Saupoudrer de cassonade et enfourner à 200 °C pendant 40 minutes.
12 Pendant la cuisson de la tarte, préparer la gelée.
13 Placer les épluchures et les trognons des pommes dans une grande casserole, couvrir d'eau et porter à ébullition. Baisser le feu et faire frémir pendant 30 minutes.

---

* La saison des reinettes est de septembre à décembre. Vous pouvez remplacer par des pommes golden le reste de l'année si nécessaire.

14 Égoutter à travers une passoire fine au-dessus d'un saladier. Presser pour récupérer tout le jus. Peser le jus, vous devez avoir 500 g (50 cl).
15 Verser le jus dans une casserole assez large, ajouter le sucre en poudre et le jus de citron. Porter à ébullition pour faire dissoudre le sucre. Baisser le feu, faire cuire pendant 25 minutes.
16 Placer une petite assiette au congélateur, cela va aider à déterminer si la gelée est prise.
17 Au bout de 25 minutes de cuisson, faire tomber une goutte du liquide sur l'assiette très froide. Si le liquide se fige au bout de quelques minutes, il faut arrêter la cuisson. Sinon, continuer la cuisson encore 5 minutes.
18 Verser la gelée chaude dans un bocal propre à l'aide d'une louche et d'un entonnoir. Fermer le bocal, le retourner et le poser sur le couvercle pour stériliser. Laisser refroidir ainsi pendant 15 minutes.
19 Au terme de la cuisson de la tarte, à l'aide d'un pinceau, badigeonner toute la surface avec la gelée.
20 Servir tiède ou froide.

Lyon

« Elle est comme ça, Mme Léa, un franc-parler et la gouaille sur le marché Saint-Antoine, dans l'arrière-cuisine, comme en salle. Dès les premiers jours, elle ouvre sans retenue ses carnets de recettes à Andrée qui apprend vite, apporte son savoir-faire et ses “manies du Sud” dont se moque souvent la patronne. La guerre joyeuse entre l'huile d'olive et le beurre et des Lyonnais qui accourent pour se régaler d'une cuisine de femme comme le Lyon gourmand de l'époque en raffole. Andrée apprend ainsi à saisir le canard au sang, à paner et frire le gras-double pour le tablier de sapeur, et elle s'applique sur le fameux gigot d'agneau de Léa, enduit pendant vingt-quatre heures d'un mélange de moutarde forte de Dijon, de filets d'anchois écrasés, de sauge, de basilic et d'ail, avant d'être enfourné et arrosé progressivement de champagne. »

Extrait du roman *La Cuisinière des Kennedy* p. 119

POULET AU VINAIGRE

Andrée a appris à faire ce plat mythique lorsqu'elle travaillait chez Mme Léa à Lyon, son premier poste de cuisinière dans un « vrai » restaurant. Cette recette s'inspire de celle des brasseries *Bocuse*, encore à la carte aujourd'hui.

Pour 4 à 6 personnes
Préparation : 15 min
Cuisson : 1 h

1 poulet de Bresse de préférence ou un poulet fermier de 1,5 kg
5 cl d'huile de tournesol
50 g de beurre
2 gousses d'ail en chemise entières
4 échalotes
1 tomate fraîche
100 g de petits champignons de Paris
1 cuil. à café de concentré de tomate
4 cuil. à soupe de vinaigre de vin rouge
10 cl de bouillon de volaille
1 bouquet garni (thym, laurier, tiges de persil)
Sel
Poivre du moulin

1 Demander à votre boucher de parer le poulet et de le couper en huit morceaux.
2 Saler et poivrer les morceaux de poulet.
3 Dans une cocotte, faire chauffer l'huile avec le beurre et les gousses d'ail entières. Faire dorer les morceaux de poulet de chaque côté. Baisser le feu et laisser mijoter à couvert pendant 15 minutes.
4 Retirer les morceaux de la cocotte ainsi que l'excédent de gras de cuisson.
5 Éplucher les échalotes et les ciseler. Couper la tomate en cubes, laver et essuyer les petits champignons.
6 Remettre les morceaux de volaille dans la cocotte, ajouter les échalotes, faire dorer légèrement.
7 Ajouter le concentré de tomate, remuer à la spatule.
8 Verser le vinaigre de vin rouge et laisser réduire presque à sec sur feu doux. Ajouter la tomate fraîche et les champignons. Couvrir et faire cuire 20 minutes.
9 Retirer les morceaux de blanc de volaille, ils cuisent plus vite que les cuisses. Les réserver.
10 Ajouter dans la cocotte le bouillon de volaille avec le bouquet garni, laisser mijoter 20 minutes.
11 À l'aide d'une fourchette, vérifier la cuisson des cuisses : la chair doit se détacher facilement des os. Retirer les cuisses, les réserver avec les blancs de volaille.
12 Goûter la sauce, assaisonner de sel et de poivre.
13 Si la sauce n'est pas assez épaisse, délayer 1 petite cuillerée à café de fécule dans un peu d'eau, ajouter dans la sauce, faire chauffer quelques minutes.
14 Remettre tous les morceaux de volaille dans la cocotte, laisser mijoter 5 minutes à couvert. Servir chaud, à même la cocotte, avec des pommes de terre nouvelles, en saison, rissolées au beurre.

GRATIN DE MACARONIS À LA LYONNAISE

Andrée réussissait tellement bien ce plat que Mme Léa l'invitait en salle. « Les clients veulent voir qui est derrière ce gratin ! » disait-elle.

Pour 4 personnes
Préparation : 12 min
Cuisson : 30 min

250 g de macaronis
75 cl de lait demi-écrémé
60 g de beurre + 10 g pour beurrer le plat
45 g de farine
300 g de crème fraîche épaisse de Bresse de préférence
1 gousse d'ail épluchée
75 g de gruyère fraîchement râpé
Noix de muscade râpée
Gros sel
Sel fin
Poivre du moulin

1. Préchauffer le four à 180 °C.
2. Faire cuire les pâtes dans une casserole d'eau bouillante salée au gros sel pendant 5 minutes. Égoutter et réserver.
3. Faire chauffer le lait dans une casserole, assaisonner de trois pincées de sel, de la noix de muscade râpée et de trois tours de moulin à poivre. Porter le lait à ébullition, ajouter les macaronis cuits et poursuivre la cuisson durant 2 minutes.
4. Égoutter les pâtes au-dessus d'un bol pour conserver le lait parfumé. Il servira pour la béchamel.
5. Dans la même casserole qui a servi pour cuire les macaronis, faire mousser le beurre, ajouter la farine, mélanger au fouet et cuire environ 1 minute. Ajouter ensuite le lait encore chaud, fouetter jusqu'à ébullition. Ajouter la crème fraîche, mélanger, goûter et assaisonner si besoin.
6. Beurrer un plat à gratin, frotter avec la gousse d'ail.
7. Plonger les macaronis dans la sauce, mélanger pour les enrober. Les verser dans le plat à gratin. Parsemer de gruyère fraîchement râpé.
8. Enfourner pendant 30 minutes.
9. Servir chaud à même le plat à gratin.

LE GIGOT D'AGNEAU DE MME LÉA

Léa Bidaut, « faible femme, mais forte en gueule », faisait partie des fameuses mères lyonnaises, ces cuisinières hors pair qui faisaient la joie des gastronomes lyonnais. Andrée a appris à maîtriser la cuisson de ce fameux gigot auprès de la meilleure d'entre elles.

Pour 8 personnes
Préparation : 15 min
Repos : 24 h + 1 h
Cuisson : 1 h

1 gigot d'agneau de Sisteron (IGP), de préférence, de 2 kg avec l'os
1 tête d'ail frais, en saison, sinon de l'ail classique
2 cuil. à soupe d'huile d'olive de Nyons
100 g de beurre doux
1 bouteille de champagne sec
Sel

Pour la marinade

4 filets d'anchois
8 feuilles de sauge fraîche
12 feuilles de basilic frais
4 gousses d'ail épluchées
2 cuil. à soupe de moutarde forte de Dijon

1 Demander à votre boucher de parer et ficeler le gigot.
2 Sortir le gigot du réfrigérateur au minimum 1 heure avant la préparation.

Pour la marinade

3 Dans un mortier, placer les filets d'anchois, les feuilles de sauge, les feuilles de basilic, les gousses d'ail épluchées et la moutarde.
4 Écraser et mélanger à l'aide du pilon. La texture doit être celle d'une pommade.
5 Badigeonner le gigot généreusement avec la marinade. Envelopper entièrement de film alimentaire et placer au frais pendant 24 heures.
6 Le lendemain, sortir le gigot, retirer le film alimentaire et le placer dans un plat à rôtir.
7 Laisser revenir à température ambiante durant 1 heure.
8 Préchauffer le four à 220 °C.

Petit rappel des règles de cuisson

9 Le temps de cuisson du gigot servi rosé, cuisson conseillée pour le gigot, doit être entre 12 et 15 minutes pour 500 g.
10 Pour un gigot de 2 kg, il faut compter entre 48 minutes et 1 heure de cuisson.
11 Si vous avez une sonde, la chair doit être à 55 °C à cœur au terme de la cuisson.
12 Couper la tête d'ail en deux dans l'épaisseur, ajouter les deux moitiés dans le plat avec le gigot.
13 Badigeonner le gigot d'huile d'olive sur toutes ses faces et y déposer les morceaux de beurre frais. Saler légèrement. Verser un peu de champagne dans le fond du plat.

•••

STAUB
STAUB

•••

14 Enfourner le gigot à 220 °C pendant 15 minutes en le retournant afin de le saisir sur toutes les faces.
15 Baisser la température à 200 °C et continuer la cuisson pendant 15 minutes.
16 Arroser le gigot à la louche avec le jus de cuisson et avec 2 ou 3 louches de champagne.
17 Racler le fond du plat pour récupérer les sucs. Continuer la cuisson à 200 °C pendant encore 15 minutes, arroser à nouveau le gigot avec le jus de cuisson et encore avec 2 ou 3 louches de champagne.
18 Poursuivre la cuisson encore 10 minutes environ.
19 Sortir le gigot du four, le poser sur une grille avec une plaque en dessous.
20 Laisser reposer 15 minutes recouvert d'une feuille de papier d'aluminium pour permettre à la chair de se détendre. Pendant ce temps, récupérer le jus de cuisson dans une saucière.
21 Découper le gigot en belles tranches, dresser sur un plat de service chaud avec la tête d'ail.
22 Servir avec un gratin de macaronis.

LA POULARDE DE BRESSE DE LA MÈRE BRAZIER

Cette recette est une variante, sans truffe, de la fameuse poularde en demi-deuil qu'Eugénie Brazier servait dans son restaurant iconique à Lyon. Elle tenait la recette de la mère Fillioux, autre mère lyonnaise célèbre. Eugénie transmettra la recette à Paul Bocuse et Bernard Pacaud ensuite. Une recette absolument délicieuse qui a fait du chemin !

Pour 6 à 8 personnes
Préparation : 30 min
Repos : 15 min
Cuisson : 50 min

1 poularde de Bresse, de préférence, de 2,2 kg
1 kg de carottes nouvelles
1 kg de navets nouveaux
1 kg de poireaux crayon
1 céleri branche
5 l de bouillon de volaille, maison de préférence, pour le pochage
50 cl de crème liquide entière
Sel
Poivre du moulin

1 Demander à votre boucher de parer et ficeler la poularde.
2 Envelopper la volaille ficelée dans une mousseline ou dans un grand torchon. Nouer une ficelle sous les ailes et sous les cuisses pour bien maintenir la volaille pendant la cuisson.
3 Couper les carottes en sifflet, les navets en quartiers, les poireaux et la branche de céleri en tronçons.
4 Verser le bouillon de volaille dans un grand faitout, porter à ébullition et déposer la poularde ficelée et emmaillotée dedans délicatement.
5 Faire pocher la poularde à frémissement pendant 25 minutes.
6 Ajouter ensuite tous les légumes et laisser cuire encore 25 minutes.
7 Éteindre le feu et laisser reposer 15 minutes à couvert.
8 Prélever 50 cl du bouillon, le verser dans une casserole.
9 Faire réduire le bouillon aux ¾, jusqu'à ce qu'il devienne sirupeux.
10 Ajouter la crème liquide et faire réduire encore 10 minutes.
11 Goûter la sauce et assaisonner, laisser mijoter encore 5 minutes environ.
12 Retirer la poularde du faitout et enlever la mousseline ou le torchon.
13 Découper la poularde en huit morceaux.
14 Dresser les morceaux dans un plat de service chaud avec les légumes autour.
15 Napper la poularde de sauce.
16 La mère Brazier accompagnait ce plat avec des cornichons, du gros sel et de la moutarde, comme pour le pot-au-feu.

Les mères lyonnaises

Généreuses, antigaspi, économes, malignes, puissantes, gourmandes, talentueuses, pédagogues... on n'est jamais à court d'adjectifs pour décrire les fameuses **mères lyonnaises**.

On appelait « mères » ces femmes cuisinières émérites qui ont fait la réputation de la cuisine lyonnaise. Issues de milieux modestes, elles ont d'abord été employées dans les maisons bourgeoises, dès le milieu du XIXe siècle, à l'époque de l'essor de l'industrie de la soie dans la région.

Avec l'arrivée de la crise de 1929, les familles bourgeoises ont été obligées de renvoyer leur personnel. Ces mères lyonnaises ont alors eu l'excellente idée d'ouvrir de petits bistrots : les fameux **bouchons**.

Parmi les plus célèbres :

La mère Fillioux, créatrice de la poularde en demi-deuil.

La mère Maury, à qui l'on doit les délicieuses ravioles de Romans.

La mère Léa, connue pour son gratin de macaronis.

Et **la mère Brazier**, ancienne employée de la mère Fillioux, qui ouvrit son propre restaurant, forma Paul Bocuse et obtint trois étoiles au Michelin !

Généreuses, antigaspi, économes, malignes, puissantes, gourmandes, talentueuses, pédagogues... on n'est jamais à court d'adjectifs pour décrire les fameuses mères lyonnaises.

Elles mettaient en valeur de sublimes produits locaux : volailles de Bresse, écrevisses du Bugey, poissons des Dombes, charcuterie lyonnaise, vins du Beaujolais...

Sans elles, on ne connaîtrait peut-être pas : les quenelles de brochet à la sauce Nantua,

le tablier de sapeur, la poularde en demi-deuil, la matelote d'anguilles, le gratin de macaronis, le saucisson pistaché, la cervelle de canut, la tarte aux pralines roses, ou encore les bugnes !
C'est auprès de **la mère Léa** qu'**Andrée** a appris la vraie cuisine de restaurant.

GÂTEAU DE FOIES DE VOLAILLE À LA LYONNAISE

Grand classique des bouchons lyonnais, le gâteau de foies était un excellent moyen d'utiliser les foies de toutes ces superbes volailles de Bresse.

Pour 6 personnes
Préparation : 20 min
Cuisson du gâteau : 30 min
Cuisson de la sauce tomate : 40 min

½ botte de persil plat
1 gousse d'ail
50 g de pain rassis
35 cl de lait demi-écrémé
300 g de foies de volaille, bio de préférence
6 œufs entiers
1 cuil. à café de noix de muscade râpée
30 g de beurre pour les ramequins
Sel
Poivre du moulin

Pour la sauce tomate

1 oignon blanc
3 cuil. à soupe d'huile d'olive
2 gousses d'ail
600 g de tomates concassées en conserve
20 cl d'eau
1 bouquet garni (thym, laurier, tiges de persil)
10 g de sucre en poudre
Sel
Poivre du moulin

1 Préchauffer le four à 160 °C.
2 Ciseler le persil, éplucher et dégermer l'ail.
3 Faire tremper dans un bol le pain rassis dans le lait pendant 5 minutes. Essorer le pain entre les paumes des mains.
4 Couper les foies de volaille en deux, les placer dans la cuve du robot avec les œufs, l'ail, le lait, le pain, le persil ciselé et la noix de muscade. Mixer.
5 Saler, poivrer et mixer à nouveau pour obtenir une purée.
6 Beurrer six ramequins, les remplir de la préparation. Si vous n'avez pas de ramequins, un moule à cake fonctionne très bien.
7 Disposer ensuite les ramequins dans un plat à gratin, rempli aux ⅔ d'eau bouillante pour une cuisson au bain-marie. Placer le plat au four.
8 Enfourner pour 30 minutes.
9 Au terme de la cuisson, laisser refroidir légèrement les gâteaux avant de les démouler.

Pour la sauce tomate

10 Éplucher et ciseler l'oignon. Éplucher et écraser les gousses d'ail. Faire suer l'oignon et l'ail écrasé dans une poêle dans l'huile d'olive. Saler, poivrer et cuire 2 minutes.
11 Ajouter les tomates concassées, l'eau et le bouquet garni. Saler, poivrer et ajouter le sucre. Mélanger en écrasant les tomates.
12 Laisser mijoter pendant 40 minutes à feu doux en remuant de temps en temps.
13 Retirer le bouquet garni et maintenir au chaud.
14 Dresser un fond de sauce tomate dans une assiette creuse, placer le gâteau de foies au centre et servir chaud en entrée.

SAUCE GRIBICHE

Cette sauce froide mythique a sublimé bien des plats et des abats ! Elle accompagne notamment le tablier de sapeur dans les bouchons lyonnais.

Pour 4 personnes
Préparation : 15 min
Cuisson : 10 min

3 œufs
10 g de moutarde forte de Dijon
20 cl d'huile de tournesol ou pépins de raisin
3 cuil. à soupe de vinaigre de vin rouge
40 g de câpres
40 g de cornichons au vinaigre
6 brins de cerfeuil
½ botte de ciboulette
6 brins d'estragon
Sel fin
Poivre du moulin

1 Cuire les œufs 10 minutes dans une casserole d'eau bouillante.
2 Les rafraîchir sous l'eau froide avant de les écaler. Séparer les jaunes des blancs.
3 Écraser les jaunes d'œufs dans un saladier. Ajouter la moutarde et fouetter.
4 Monter à l'huile progressivement pour réaliser une mayonnaise. Ajouter le vinaigre, fouetter. Saler, poivrer, fouetter à nouveau.
5 Hacher les câpres et les cornichons et ciseler finement toutes les herbes. Ajouter dans la mayonnaise, mélanger à la spatule.
6 Concasser les blancs d'œufs, les ajouter dans le mélange précédent délicatement. Goûter et assaisonner de sel et de poivre.
7 Réserver au frais jusqu'au service.
8 La sauce gribiche peut se garder trois jours, couverte d'un film alimentaire et au frais.
9 Elle est délicieuse avec un pot-au-feu, de la tête de veau, une viande blanche ou un poisson froid.

TARTE AUX PRALINES ROSES D'ALAIN CHAPEL

Alain Chapel était un chef admiré par ses pairs, perfectionniste et locavore avant l'heure. Il était aussi et surtout l'inventeur, entre autres, de cette tarte d'une gourmandise inouïe qu'il servait dans son restaurant à Mionnay.

Pour 6 personnes
Préparation : 30 min
Repos : 5 h
Cuisson : 45 min

Pour la pâte sucrée

250 g de farine
60 g de sucre en poudre
3 g de sel
125 g de beurre doux en morceaux, froid + un peu pour le moule
4 jaunes d'œufs

Pour la crème

60 cl de crème liquide entière
300 g de pralines roses

Pour la pâte sucrée

1 Sur le plan de travail, verser la farine, le sucre, le sel et le beurre en morceaux.
2 Mélanger tous les ingrédients en frottant entre les paumes des mains (sabler).
3 Faire un trou au milieu et ajouter les jaunes d'œufs. Malaxer rapidement pour obtenir une pâte homogène sans trop travailler la farine.
4 Former un disque épais avec la pâte, couvrir de film alimentaire et placer au frais pendant 2 heures, ou encore mieux, toute une nuit.
5 Sortir la pâte, laisser revenir un peu à température et étaler au rouleau à 6 mm d'épaisseur et à 25 cm de diamètre.
6 Beurrer un cercle ou moule à tarte de 22 cm. Enrouler la pâte autour du rouleau à pâtisserie, dérouler délicatement au-dessus du cercle ou moule et foncer la pâte délicatement. Découper l'excédent de pâte à l'aide d'un petit couteau.
7 Piquer le fond à la fourchette. Placer au frais pendant 30 minutes.
8 Préchauffer le four à 200 °C.
9 Pendant ce temps, concasser les pralines roses, les verser dans une poêle à bords hauts, ajouter la crème. Porter à ébullition et laisser réduire 45 minutes à feu moyen.
10 Sortir la pâte, couvrir d'une feuille de papier cuisson et ajouter des poids de cuisson (lentilles crues, haricots, billes de cuisson, riz cru...).
11 Faire cuire à blanc pendant 20 minutes.

12 Retirer le papier cuisson et les poids, réduire la température à 180 °C et laisser cuire encore 7 minutes pour dorer et imperméabiliser le fond. Laisser refroidir légèrement.
13 Verser la crème aux pralines à travers une passoire fine sur la pâte cuite. Laisser figer 3 heures avant de servir.
14 Alain Chapel passait cette crème au chinois pour avoir un aspect très lisse de couleur rose bonbon. Vous pouvez aussi verser la crème avec les morceaux de praline concassés sur la pâte si vous préférez une texture plus croquante.

La Riviera et le sud de la France

« Andrée a rejoint la brigade du chef de la maison Lumière. [...]
Un service de qualité, encadré par les meilleurs de chaque spécialité, recommandés, forts d'une grande expérience. Andrée y apprend la gastronomie auprès de chefs français ou étrangers. Plus de cuisine de ménage inspirée du terroir et des savoir-faire familiaux, Andrée apprend la précision, l'originalité et l'excellence. Le chef n'hésite pas à refuser une assiette qu'il juge dressée trop rapidement ou imparfaite. Dans ses cuisines, se joue la réputation de la table française, que même une guerre ne saurait affaiblir. Plus de relation privilégiée ni de proximité avec les patrons, Andrée travaille, apprend chaque jour encore et encore, et se contente comme les nombreux employés d'obéir sans discuter au chef qui décide des menus et des manières de faire. »

Extrait du roman *La Cuisinière des Kennedy* p. 147

BEIGNETS DE COURGETTES POUR BRIGITTE BARDOT

Nous sommes au début des années 1950 et Andrée change à nouveau de famille et de région. Elle est employée par la famille Rogers, à Cannes, qui reçoit tout le gratin de l'époque, dont une certaine Brigitte Bardot. Andrée, inquiète de voir la jeune femme accablée par les photographes, lui apporta une assiette de ses fameux beignets de courgettes !

Pour environ 20 beignets
Préparation : 15 min
Égouttage : 1 h
Cuisson : 18 min

2 courgettes moyennes
½ botte de persil plat
4 feuilles de menthe
1 gousse d'ail
3 œufs entiers
200 g de farine
1 sachet de levure chimique
½ verre d'eau (12 cl)
1 cuil. à soupe d'huile d'olive
Fleur de sel
Sel
Poivre du moulin
50 cl d'huile de pépins de raisin

1. Laver les courgettes. Les râper à l'aide d'une râpe à gros trous. Saler et laisser s'égoutter dans une passoire pendant 1 heure.
2. Laver, sécher et ciseler les feuilles de persil et de menthe. Éplucher et hacher la gousse d'ail.
3. Dans un saladier, mélanger les œufs battus, la farine et la levure au fouet.
4. Ajouter l'eau et l'huile d'olive. Mélanger. Incorporer les courgettes râpées et égouttées, le persil et la menthe ciselés et l'ail haché. Bien mélanger. Saler, poivrer.
5. Faire chauffer l'huile dans une casserole à fond épais à 160 °C, avant qu'elle ne soit fumante.
6. Déposer des petites cuillerées de pâte dans l'huile et laisser cuire 3 minutes de chaque côté.
7. Les débarrasser sur du papier absorbant, saler à la fleur de sel.
8. Servir chaud à l'apéritif ou en accompagnement d'une viande blanche, d'un gâteau d'omelettes ou de petits farcis.
9. Déposer les beignets dorés sur du papier absorbant, puis les déguster sans attendre.

BOUDINS RICHELIEU LYONNAIS

Après plusieurs expériences professionnelles à Lyon, Andrée se retrouve sur les hauteurs de Grasse pour tenir une maison et cuisiner pour un écrivain célèbre, Albert Camus. Il lui réclame de bons petits plats qui tiennent au corps comme cette recette de boudins Richelieu. Ils ressemblent à des quenelles de volaille, mais en plus généreux, en forme de boudin, avec la traditionnelle sauce Nantua.

Pour 4 à 6 personnes
Préparation : 30 min
Repos : 12 h
Cuisson : 40 min

Pour la panade

25 cl de lait
100 g de beurre
125 g de farine
60 g de jaunes d'œufs (3 jaunes)

Pour la pâte à boudins Richelieu

200 g de filets de poulet
6 g de sel
150 g de panade (voir recette ci-dessus)
150 g de beurre à température ambiante, coupé en dés
90 g de blancs d'œufs (3 blancs)
Farine
2 l de bouillon de volaille
1 cuil. à soupe d'huile de tournesol

Pour la sauce Nantua

40 g de beurre doux
40 g de farine
50 cl de lait demi-écrémé
Noix de muscade
20 cl de crème liquide entière

Préparer la panade

1 Porter à ébullition dans une casserole le lait et le beurre. Ajouter la farine, d'un coup, comme pour la pâte à choux. Mélanger à la spatule et cuire environ 1 minute.

2 Verser dans un saladier et laisser refroidir légèrement. Incorporer les jaunes d'œufs à la spatule. Réserver.

Préparer la pâte à boudins Richelieu

3 Mixer la chair de poulet au robot. Passer la chair au tamis, elle doit être fine.

4 Dans le bol du robot, ajouter la chair de poulet, le sel et la panade. Mixer jusqu'à l'obtention d'un mélange lisse et homogène. Placer au frais 15 minutes.

5 Ajouter le beurre à température ambiante coupé en dés et mixer de nouveau. Incorporer progressivement les blancs d'œufs.

6 Verser la pâte dans un saladier, couvrir d'un film alimentaire et placer au frais pendant 12 heures.

7 Le lendemain, remplir une poche à douille munie d'une douille lisse de pâte.

8 Pocher des boudins de 10 cm de long et de 5 cm de diamètre. Saupoudrer de farine et façonner en arrondissant légèrement les extrémités.

9 Porter le bouillon de volaille à frémissement dans une casserole. Pocher les boudins dans le bouillon pendant 12 minutes.

10 Les retirer à l'aide d'une écumoire et poser sur une plaque huilée.

•••

50 g de beurre d'écrevisse*
Sel fin
Poivre du moulin

Pour la garniture

200 g de champignons bruns de Paris
1 cuil. à soupe d'huile de pépins de raisin
20 g de beurre
Sel
Poivre du moulin

•••

Pour la sauce Nantua

11 Dans une casserole, réaliser le roux. Faire mousser le beurre, ajouter la farine, mélanger à la spatule. Faire cuire 2 minutes à feu moyen, sans coloration.
12 Verser graduellement le lait froid et mélanger au fouet. Cuire à ébullition pendant 5 minutes.
13 Assaisonner de sel, de poivre du moulin et de noix de muscade râpée.
14 Incorporer la crème liquide, faire réduire en remuant à la spatule pour obtenir une consistance nappante.
15 Hors du feu, ajouter le beurre d'écrevisse. Bien fouetter l'ensemble, goûter et assaisonner, réserver.

Pour la garniture

16 Couper les champignons bruns en quartiers, les faire sauter dans un mélange d'huile et de beurre dans une poêle. Saler, poivrer, réserver.
17 Réchauffer les boudins en les plongeant un instant dans le bouillon frémissant.
18 Dresser les boudins au centre d'une assiette, napper de sauce Nantua et décorer de quartiers de champignons dorés.

---

* Le beurre d'écrevisse s'achète tout fait dans le commerce. Pour le réaliser maison, mixez 50 g de beurre pommade avec 20 g d'écrevisses décortiquées.

OMELETTE À LA RABASSE

La célèbre truffière de rabasse dans le Vaucluse est un incontournable de la région. Si bien qu'Andrée ne préparait pas d'omelette à la truffe, mais l'omelette à la rabasse !

Pour 1 personne
Préparation : 10 min
Repos : 24 h
Cuisson : 5 min

10 g de truffe fraîche
3 œufs bio ou plein air
15 g de beurre doux
3 brins de ciboulette ciselée
Sel
Poivre du moulin

1. Placer la truffe dans une boîte hermétique avec les œufs 24 heures à l'avance.
2. Le lendemain, brosser délicatement la truffe sous l'eau à l'aide d'une petite brosse à légumes.
3. Couper la truffe en tranches fines à la mandoline ou au couteau bien aiguisé.
4. Remettre les tranches dans la boîte hermétique pour conserver leur arôme.
5. Casser les œufs dans un bol, les battre légèrement à la fourchette. Saler, poivrer.
6. Faire mousser le beurre dans une poêle antiadhésive à feu moyen.
7. Verser les œufs battus dans la poêle. Laisser cuire légèrement pendant quelques instants, commencer à remuer doucement avec une spatule.
8. À mi-cuisson, ajouter les lamelles de truffe sur la surface des œufs brouillés en formation.
9. Continuer à remuer les œufs avec précaution. Attention aux truffes, les lamelles doivent être réparties sur toute la surface.
10. Continuer à cuire les œufs et les truffes jusqu'à ce que les œufs soient presque pris, mais encore légèrement baveux.
11. Hors du feu, saupoudrer l'omelette d'un peu de ciboulette fraîche ciselée.
12. Retourner l'omelette dans l'assiette.
13. Servir l'omelette chaude avec du pain grillé et une belle salade de mesclun.

BROUILLADE D'ASPERGES

Il y avait souvent des invités hors du commun dans cette maison dans les hauteurs de Grasse. Cette recette toute simple d'Andrée a été très appréciée par Jean-Paul Sartre et Dolorès Vanetti.

Pour 4 personnes
Préparation : 5 min
Cuisson : 5 min

1 botte de petites asperges vertes fines
8 feuilles de basilic frais
1 gousse d'ail
1 cuil. à soupe d'huile d'olive de Nyons
6 gros œufs bio ou plein air
30 g de beurre doux en cubes
Sel
Poivre du moulin

1. Couper le bout fibreux des asperges vertes. Les couper en tronçons en gardant la pointe intacte.
2. Ciseler le basilic. Peler la gousse d'ail et l'écraser. Faire chauffer l'huile d'olive dans une poêle à bords hauts. Ajouter l'ail écrasé, faire suer.
3. Ajouter les asperges, faire revenir 5 minutes à feu vif. Retirer la poêle du feu.
4. Casser les œufs dans un saladier, saler, poivrer et battre rapidement à la fourchette.
5. Chauffer la poêle avec les asperges à feu doux.
6. Faire mousser la moitié du beurre, verser les œufs sur les asperges.
7. Mélanger délicatement à la spatule.
8. Lorsque les œufs sont presque pris, mais encore un peu baveux, ajouter le reste du beurre frais, mélanger doucement et poivrer.
9. Dresser sur une belle assiette, saupoudrer de basilic frais.
10. Servir chaud avec des tranches de pain grillées et frottées d'ail.

SOUPE AU PISTOU

Andrée, comme chaque cuisinière du Sud, a « sa » recette de soupe au pistou. Il s'agit d'une soupe parfaite pour la fin de l'été quand les potagers regorgent de légumes frais et que les premiers haricots à écosser sont encore tendres. Chacun est libre de choisir sa préparation. Le seul impératif : le pistou doit être fait minute, en grande quantité et posé à même le mortier sur la table.

Pour 6 personnes
Préparation : 20 min
Cuisson : 1 h 30

250 g de cocos blancs
250 g de cocos rouges
250 g de haricots verts
250 g de petites courgettes
100 g de carottes (environ 2)
2 pommes de terre
200 g d'oignons rouges
1 tête d'ail
2 grosses tomates bien mûres
2 bottes de basilic
50 g de macaronis courts (les ditalinis)
100 g de parmesan râpé
Huile d'olive
Gros sel
Sel
Poivre du moulin

Préparer tous les légumes

1. Écosser les cocos blancs et rouges. Équeuter les haricots verts, les couper en trois.
2. Éplucher une bande sur deux sur les courgettes, les couper en dés.
3. Éplucher les carottes et les pommes de terre, les couper en petits dés.
4. Peler les oignons rouges et les émincer finement. Éplucher les gousses d'ail.
5. Laver les tomates et effeuiller le basilic.
6. Dans une grande marmite, faire suer les oignons émincés dans 1 petite cuillerée à soupe d'huile d'olive. Saler, poivrer.
7. Ajouter les cocos blancs, les cocos rouges et les dés de carottes, mélanger.
8. Couvrir à hauteur d'eau, ajouter une grosse pincée de gros sel, porter à ébullition.
9. Baisser le feu, cuire pendant 30 minutes.
10. Ajouter les haricots verts, les dés de courgettes et de pommes de terre.
11. Plonger les tomates entières dans l'eau frémissante durant quelques minutes.
12. Les retirer et ensuite les éplucher. En couper une en dés, laisser la deuxième entière, elle servira pour le pistou. Remettre les dés de tomate dans la marmite.
13. Poursuivre la cuisson à frémissement, remuer de temps en temps.
14. La soupe au pistou doit cuire environ 1 h 30. Elle va s'épaissir et prendre un délicieux parfum.

Préparer le pistou

15 Dans un mortier, écraser les gousses d'ail et les feuilles de basilic.
16 Monter à l'huile. Ajouter la tomate entière et pelée et l'écraser au mortier.
17 Ajouter la moitié du parmesan, mélanger au pilon. Assaisonner.
18 15 minutes avant la fin de la cuisson, monter la température de la marmite, ajouter les macaronis.
19 Ajouter approximativement la moitié du pistou dans la soupe, mélanger.
20 Transférer la soupe dans une soupière, servir très chaud.
21 Présenter le reste du pistou, le parmesan râpé et le moulin à poivre sur la table.
22 Chacun peut accommoder comme il le souhaite.

MATELOTE MEUNIÈRE DE LOTTE

Pendant une année, Andrée a officié dans la maison de campagne de la famille Gallimard non loin de Paris. Elle leur préparait de délicieux plats classiques comme cette matelote de poisson dont les Gallimard raffolaient. Elle a été revisitée ici avec de la lotte à la place de l'habituelle anguille.

Pour 6 personnes
Préparation : 20 min
Cuisson : 40 min

2 oignons blancs
4 gousses d'ail
20 g de beurre doux
1,5 kg de lotte pelée et coupée en tronçons
1 bouquet garni
½ l de vin blanc sec
½ l de fumet de poisson
Zestes de 1 citron
Sel

Pour le beurre manié

25 g de beurre pommade
25 g de farine

Pour la garniture

200 g d'oignons nouveaux, avec une partie du vert
200 g de petits champignons de Paris
30 g de beurre doux
Sel
Poivre du moulin

1 Peler les oignons et les émincer finement. Éplucher et hacher les gousses d'ail.
2 Beurrer le fond d'un grand sautoir, y étaler les oignons émincés et les gousses d'ail hachées.
3 Saler les tronçons de lotte, les déposer dans le sautoir, ajouter le bouquet garni. Mouiller avec le vin blanc et le fumet de poisson. Porter à ébullition.
4 Couvrir et faire pocher à feu doux pendant 25 minutes.
5 Pendant ce temps, nettoyer les oignons nouveaux et les champignons. Réserver le vert d'oignon.
6 Faire mousser le beurre dans une grande poêle. Faire dorer les légumes, couvrir à hauteur de jus de cuisson de la lotte, saler, poivrer et faire cuire jusqu'à évaporation du liquide, environ 6 à 8 minutes. Les retirer de la poêle et les réserver.
7 Au terme de la cuisson de la lotte, retirer les morceaux à l'aide d'une écumoire. Garder le bouillon de cuisson dans le sautoir.
8 Disposer les tronçons de lotte dans la poêle ayant servi aux champignons et aux oignons nouveaux. Remettre les légumes dans la poêle avec la lotte.

Préparer un beurre manié

9 Mélanger dans un saladier la farine et le beurre pommade à la spatule pour faire une pâte.
10 Faire réduire aux ⅔ le bouillon de cuisson de la lotte, épaissir au beurre manié petit à petit en fouettant vivement entre chaque ajout.
11 Verser la sauce sur la lotte et les légumes dans la poêle. Faire mijoter doucement pendant quelques minutes. Goûter et assaisonner.
12 Dresser la matelote dans un grand plat creux. Décorer de vert d'oignon ciselé et de zestes de citron.
13 Servir avec un riz pilaf.

AMANDIN AU CHOCOLAT

Andrée était également une fine pâtissière et régalait les convives de ses employeurs avec des gâteaux gourmands comme ce fondant au chocolat et aux amandes.

Pour 6 personnes
Préparation : 15 min
Cuisson : 25 min

200 g de chocolat noir
6 œufs
4 cuil. à soupe de lait entier
150 g de crème fraîche épaisse
150 g de sucre en poudre
+ 15 g pour le moule
75 g de poudre d'amandes
60 g de farine
10 g de beurre

1 Préchauffer le four à 180 °C.
2 Casser le chocolat en morceaux. Séparer les blancs des jaunes d'œufs.
3 Faire fondre le chocolat avec le lait au bain-marie.
4 Hors du feu, ajouter la crème, fouetter. Le mélange doit être homogène.
5 Ajouter les jaunes d'œufs, bien mélanger au fouet. Ajouter ensuite le sucre, la poudre d'amandes et la farine, mélanger à la spatule.
6 Monter les blancs en neige ferme, les ajouter délicatement à la spatule.
7 Beurrer et sucrer un moule rond de 20 cm de diamètre.
8 Verser la pâte dans le moule, lisser à la spatule. Enfourner à 180 °C pendant 25 minutes.
9 Laisser refroidir avant de déguster.

Thanksgiving
Greeting

Thanksgiving aux États-Unis

« Andrée découvre son premier “Thanksgiving”, le quatrième jeudi du mois de novembre. Il fait déjà froid à New York, les couleurs d’automne de Central Park sont presque aussi flamboyantes que celles des collines drômoises. Les rayons des magasins regorgent de dindes à farcir, de montagnes de patates douces, de cranberries et de noix de pécan. [...]
Les Rogers ont invité famille et amis, Andrée fait de son mieux pour respecter le rituel immuable d’un repas de fête qu’elle ne connaît pas. Elle propose à Helen quelques touches françaises qui ne manqueront pas d’étonner et de régaler les convives. En entrée, elle servira une soupe provençale aux légumes de saison parfumée d’une tranche de lard. Elle n’a eu aucune difficulté à se procurer les haricots blancs et les panais, et s’étonne de trouver en pleine ville des bouquets de laurier, de thym et de romarin aussi frais que dans ses collines !
Pour la dinde, les Rogers ne sont pas prêts à accepter la variante française aux marrons et Andrée respecte à la lettre la recette que Fred s’est appliqué à traduire. »

Extrait du roman *La Cuisinière des Kennedy* p. 187

SOUPE PROVENÇALE

En 1954, Andrée débarque à Manhattan, sur l'Upper East Side, pour rejoindre la famille Rogers. Une de ses premières missions : la préparation du dîner de Thanksgiving. Andrée ne connaît pas cette fête si importante pour les Américains et souhaite ajouter sa touche personnelle. Elle propose cette savoureuse soupe provençale en entrée, à l'étonnement général des convives.

Pour 6 personnes
Préparation : 20 min
Trempage : 12 h
Cuisson : 40 min

150 g de haricots blancs secs
1 oignon
2 gousses d'ail
1 carotte
1 panais
1 branche de céleri
1 tranche épaisse de lard fumé
2 cuil. à soupe d'huile d'olive
100 g de petit épeautre
Mélange d'herbes fraîches (thym, romarin, laurier, sauge), assemblées en bouquet
1,5 l de bouillon de légumes
250 g de tomates cerises
30 g de pignons de pin
6 feuilles de basilic
Sel
Poivre du moulin

1. La veille, faire tremper les haricots dans un saladier d'eau froide.
2. Le lendemain, éplucher et émincer l'oignon, peler et hacher l'ail.
3. Éplucher la carotte et le panais, les couper en rondelles.
4. Émincer la branche de céleri. Tailler le lard en lardons épais.
5. Dans une cocotte, faire suer les légumes et le lard dans un filet d'huile d'olive sans coloration. Ajouter les haricots égouttés, l'épeautre et le bouquet d'aromates, saler, poivrer et bien mélanger. Verser le bouillon. Porter à ébullition et laisser cuire pendant 40 minutes.
6. Couper les tomates cerises en deux, les ajouter dans la cocotte. Continuer la cuisson pendant 5 minutes. Faire torréfier les pignons dans une poêle à sec.
7. Répartir la soupe dans des petits bols. Parsemer le dessus de pignons et de basilic.
8. Servir chaud.

Thanksgiving

Thanksgiving est **la** fête de famille par excellence. Toujours célébré le quatrième jeudi de novembre, le jour de Thanksgiving est férié, tout comme le vendredi qui suit. Ce week-end de quatre jours permet aux membres de la famille de voyager afin de se retrouver.

Thanksgiving, ou « Action de grâce », est l'une des fêtes les plus importantes pour les Américains, au même titre que le jour de l'Indépendance, le 4 juillet. Pour le comprendre, il faut plonger un peu dans l'histoire du pays.

En 1620, les premiers pèlerins puritains débarquent du *Mayflower* à Plymouth, dans le Massachusetts, en provenance d'Angleterre. Le premier hiver est extrêmement rude, et plus de la moitié des pèlerins y perdent la vie. La rencontre avec les Indiens Wampanoag va leur permettre de survivre : avec eux, ils apprennent à chasser, à pêcher et à cultiver la terre. Au moment de la récolte, l'automne suivant, trois jours de fête et d'actions de grâce sont organisés autour d'un immense repas. Ainsi est né le premier Thanksgiving.

Les plats, très traditionnels, varient peu d'une famille à l'autre, et la dinde farcie trône toujours au milieu de la table. Pour l'accompagner, on propose de la purée de pommes de terre, des patates douces en purée ou en gratin, de la compote d'airelles, un gratin de haricots verts... et, dans le cas d'Andrée, une soupe à la provençale !

Thanksgiving, ou « Action de grâce », est l'une des fêtes les plus importantes pour les Américains, au même titre que le jour de l'Indépendance, le 4 juillet.

Le repas est suivi de nombreux desserts comme la *Pumpkin pie*, la *Pecan pie* ou encore l'*Apple Cheddar pie*, toutes servies avec de la crème fraîche ou une boule de glace à la vanille. Je dois l'avouer : Thanksgiving est ma fête préférée !

THANKSGIVING STUFFED TURKEY

Pour la préparation de son premier repas de Thanksgiving, Andrée suit scrupuleusement les recettes de la famille Rogers, surtout pour la dinde. Elle n'en avait jamais vu de cette taille-là !
La dinde farcie de Thanksgiving, c'est comme la soupe au pistou en Provence ; chacun a « sa » recette ! Je vous livre ici la mienne que je prépare exactement de la même manière, tous les ans en France, depuis bientôt quarante ans !

Pour 10 personnes
Préparation : 40 min
Repos : 12 h
Cuisson : 2 h 30

Pour la dinde

1 dinde fermière de 4 kg
2 cuil. à soupe de sucre en poudre
2 cuil. à soupe de sel fin
1 carotte
1 oignon
1 branche de céleri
50 g de beurre
50 cl de bouillon de volaille
1 bouquet garni
Sel
Poivre du moulin

Pour la farce

200 g de pain au levain rassis
2 oignons blancs, doux
1 gousse d'ail
5 branches de céleri branche
2 cuil. à soupe d'huile de pépins de raisin
600 g de chair à saucisse de bonne qualité
2 pommes granny-smith
200 g de noisettes torréfiées
20 cl de porto rouge
20 cl environ de fond blanc de volaille
6 feuilles de sauge fraîche
2 brins de thym frais
Sel
Poivre du moulin

1 Demander à votre boucher de préparer la dinde, de sortir les abats et de la ficeler.
2 Pour une dinde parfumée et moelleuse, faire une saumure à sec : mélanger le sucre et le sel, frotter la peau de la dinde sur toutes les faces avec le mélange. La placer dans un plat et la mettre au frais pendant 12 heures.
3 Préparer la farce la veille également.
4 Préchauffer le four à 180 °C.
5 Déchirer le pain au levain rassis en morceaux. Les faire dorer 15 minutes au four à 180 °C sans matière grasse.
6 Éplucher et ciseler les oignons et l'ail. Émincer les branches de céleri.
7 Faire suer les oignons, l'ail et le céleri dans une grande poêle avec un filet d'huile de pépins de raisin, saler, poivrer. Ajouter la chair à saucisse et faire dorer. Tout débarrasser dans un grand saladier. Ajouter les morceaux de pain grillé.
8 Laver les pommes, les couper en petits cubes avec la peau. Hacher les noisettes torréfiées. Tout ajouter dans le saladier avec la chair à saucisse et les légumes.
9 Humidifier la préparation avec le fond de volaille et le porto rouge. Bien mélanger.
10 Ciseler la sauge et effeuiller le thym. Les ajouter dans le saladier. Saler, poivrer. Couvrir le saladier d'un film alimentaire et placer au frais.
11 Le lendemain, essuyer la peau de la dinde simplement avec un papier absorbant.
12 Saler et poivrer l'intérieur de la dinde, farcir généreusement.
13 Placer le reste de la farce dans un plat à gratin.

14 Éplucher et tailler grossièrement la carotte, l'oignon et la branche de céleri. Faire fondre le beurre dans une casserole à feu doux.

15 Disposer les légumes et les abats dans le fond d'un grand plat à rôtir. Poser la dinde dessus, arroser de beurre fondu et verser le bouillon de volaille dans le plat.

16 Pour une dinde de 4 kg, il faut compter 2 h 30 de cuisson. Commencer la cuisson à 180 °C, cuire pendant 1 heure en arrosant deux fois avec le jus du plat. Baisser le four à 150 °C et poursuivre la cuisson pendant 1 h 30. Arroser toutes les 30 minutes.

17 Enfourner le reste de la farce, dans le même four que la dinde, 45 minutes avant la fin de la cuisson.

18 Retirer la dinde du four et laisser reposer dans le plat au moins 20 minutes. Retirer la farce de la dinde, la mélanger avec le reste de la farce et maintenir au chaud.

19 Filtrer le jus de cuisson, le dégraisser un peu et le verser dans une saucière.

20 Dans la pure tradition américaine, apporter la dinde entière sur une planche et la découper devant les convives.

21 Pour ma part, je la présente et ensuite, je la découpe en cuisine et la dresse joliment sur un plat de service chauffé.

GREEN BEAN CASSEROLE

Même si les haricots verts ne sont plus tout à fait de saison le quatrième jeudi de novembre, ce plat de haricots verts en daube se trouve sur la table de quasiment tous les Américains à Thanksgiving. Andrée a traduit le mot *casserole* par « daube », un bel hommage à sa Provence.

Pour 8 personnes
Préparation : 20 min
Cuisson : 40 min

4 oignons blancs émincés
60 g de farine
2 cuil. à soupe de panko
1 cuil. à soupe d'huile de tournesol
500 g de haricots verts frais de préférence
350 g de champignons de Paris frais
2 gousses d'ail
30 g de beurre doux
1 pincée de noix de muscade râpée
2 cuil. à soupe de farine
25 cl de bouillon de poule
25 cl de crème liquide entière
Sel
Poivre du moulin

1 Préchauffer le four à 220 °C.
2 Dans un saladier, mélanger les oignons émincés, la farine, le panko, une pincée de sel et de poivre.
3 Huiler une plaque allant au four et étaler le mélange.
4 Enfourner à mi-hauteur environ 15 minutes. Les oignons doivent être bien dorés.
5 Sortir du four et réserver. Baisser le four à 200 °C.
6 Faire cuire les haricots verts dans l'eau bouillante salée pendant 8 minutes. Égoutter et rafraîchir sous l'eau froide pour fixer la couleur, réserver.
7 Laver, sécher et émincer les champignons. Peler et hacher les gousses d'ail.
8 Faire mousser le beurre dans une sauteuse à feu moyen. Ajouter les champignons, saler, poivrer. Faire dorer pendant 4 à 5 minutes.
9 Ajouter l'ail et la muscade, faire cuire encore 3 minutes.
10 Saupoudrer de farine, mélanger et faire cuire 1 minute.
11 Ajouter le bouillon, porter à ébullition pendant 1 minute. Baisser le feu et ajouter la crème. Faire épaissir pendant environ 6 à 8 minutes.
12 Verser ¼ des oignons dans les champignons et tous les haricots verts, mélanger.
13 Verser dans un plat à gratin, couvrir avec le reste des oignons et faire gratiner au four à 200 °C environ 15 minutes.

SOUR CREAM MASHED POTATOES

Faire un volcan avec la purée de pommes de terre et verser le jus de cuisson de la dinde dedans, c'est le régal de l'enfance des deux côtés de l'Atlantique ! Aux États-Unis, on ajoute volontiers un peu de *sour cream* (une « crème aigre ») dans la purée pour encore plus de gourmandise.

Pour 8 personnes
Préparation : 10 min
Cuisson : 20 min

1,3 kg de pommes de terre bintje
3 gousses d'ail
10 g de gros sel
20 cl de lait entier
100 g de beurre doux
120 g de yaourt à la grecque*
½ botte de ciboulette
Sel
Poivre du moulin

1 Éplucher les pommes de terre, les couper en cubes. Éplucher et écraser les gousses d'ail.
2 Placer les cubes de pommes de terre dans une grande casserole avec les gousses d'ail. Couvrir à hauteur d'eau froide et saler au gros sel.
3 Porter à ébullition. Baisser le feu et faire cuire 20 minutes.
4 Égoutter les pommes de terre, les remettre dans la casserole. Écraser à moitié, à l'aide d'un presse-purée. Ajouter le lait et le beurre, continuer à écraser jusqu'à obtenir une texture lisse.
5 Ajouter ensuite le yaourt à la grecque, fouetter pour incorporer.
6 Ciseler la ciboulette.
7 Goûter et assaisonner si besoin. Dresser chaud dans un bol de service, ajouter 1 belle cuillerée à soupe de beurre sur le dessus et parsemer de ciboulette ciselée.

---

* Je remplace la *sour cream* (difficile à trouver en France) par le yaourt à la grecque. J'aime beaucoup la petite pointe d'acidité dans cette purée onctueuse. Vous pouvez aussi remplacer par de la crème fraîche épaisse.

SWEET POTATO MASH

Comme son nom l'indique, la *sweet potato* a un goût naturellement sucré. Il existe de nombreuses recettes de purée de patates douces où l'on ajoute des chamallows, du sucre roux, voire de la mélasse. Un soupçon de sirop d'érable et une pointe de gingembre frais suffiront pour cette recette.

Pour 6 à 8 personnes
Préparation : 10 min
Cuisson : 15 min

1,3 kg de patates douces (environ 6 moyennes)
10 g de gros sel
12 cl de lait chaud
60 g de beurre doux
60 g de sirop d'érable
1 cuil. à café de gingembre frais râpé
4 branches de thym frais
Sel
Poivre du moulin

1 Éplucher les patates douces, les couper en cubes.
2 Les placer dans une grande casserole, couvrir à hauteur d'eau froide. Ajouter le gros sel et porter à ébullition, baisser le feu et cuire 15 minutes. Égoutter les patates douces, les remettre dans la casserole. Chauffer le lait dans une petite casserole.
3 Ajouter le lait chaud, le beurre et le sirop d'érable. Écraser au presse-purée.
4 Saler et poivrer avec plusieurs tours du moulin. Ajouter le gingembre finement râpé, mélanger au fouet.
5 Dresser chaud dans un bol de service, décorer de thym frais.

CRANBERRY SAUCE

Pas de repas de Thanksgiving sans sauce aux canneberges fraîches ! Cette petite baie, très acide, se trouvait en abondance sur les arbustes de Plymouth, Massachusetts, en novembre 1621, date du premier Thanksgiving.

Pour 10 personnes
Préparation : 5 min
Prise au froid : 1 h
Cuisson : 12 min

200 g de sucre en poudre
20 cl d'eau
340 g de *cranberries* (« canneberges* ») fraîches ou surgelées
Zestes de 1 orange

1 Porter à ébullition dans une casserole le sucre et l'eau. Ajouter les canneberges, porter à nouveau à ébullition.
2 Ajouter les zestes d'orange, baisser le feu et faire cuire 10 minutes. Laisser refroidir.
3 Placer au frais.
4 Les canneberges ont un taux de pectine élevé et se figent en gelée quasiment instantanément.
5 Servir la *cranberry sauce* dans un joli bol sur la table. Elle accompagne parfaitement la dinde et tout autre gibier.

---

* « Canneberge » est la traduction de *cranberry* en français et non « airelle », contrairement à ce que l'on pense. Les airelles sont plus petites et plus acides que les canneberges et poussent principalement en Europe. Les deux fonctionnent parfaitement pour la recette.

CHEDDAR APPLE PIE

« *As American as apple pie* », cette expression populaire décrit parfaitement tout ce qui est en rapport avec la culture américaine, comme cette tarte. La tourte aux pommes est invariablement la préférée des Américains. J'ai découvert cette recette par hasard lors d'un voyage à Washington. Le fait d'ajouter du cheddar dans la pâte lui confère une texture croustillante incroyable en parfaite harmonie avec la douceur des deux variétés de pommes.
Andrée avait sa belle tarte aux pommes ; elle a découvert l'inimitable *Apple pie*.

Pour 8 personnes
Préparation : 30 min
Repos : 30 min
Cuisson : 1 h 40

Pour la pâte

320 g de farine
1 cuil. à café de sucre en poudre
½ cuil. à café de sel
200 g de beurre doux, froid, coupé en dés
110 g de cheddar fort râpé
12 cl d'eau glacée

Pour les pommes

700 g de pommes granny-smith
900 g de pommes Pink Lady
Jus de ½ citron
200 g de sucre en poudre
¼ de cuil. à café de sel
1 cuil. à café de cannelle
¼ de cuil. à café de noix de muscade râpée
1 cuil. à café de clous de girofle moulus
65 g de farine
30 g de beurre coupé en cubes
1 jaune d'œuf battu pour la dorure

Pour la pâte

1 Verser la farine, le sucre et le sel sur le plan de travail et mélanger. Ajouter le beurre froid en cubes et le cheddar râpé. Mélanger avec le bout des doigts et ensuite entre les paumes des mains. Faire un trou au centre, verser l'eau glacée. Mélanger et ensuite pétrir rapidement. La pâte doit être homogène avec des morceaux de cheddar râpé visibles dans la pâte. Aplatir en disque, couvrir d'un film alimentaire et placer au frais pendant 30 minutes.
2 Préchauffer le four à 220 °C.
3 Sortir la pâte, la diviser en deux. Étaler un pâton au rouleau en rond de 33 cm de diamètre et de 6 mm d'épaisseur. Placer ce rond dans un moule à tarte en céramique.
4 Étaler le deuxième pâton en rond de 25 cm de diamètre et de 6 mm d'épaisseur. Le poser à plat sur le plan de travail fariné.
5 Peler et couper en lamelles toutes les pommes. Placer les lamelles dans un grand saladier. Ajouter le jus de citron, le sucre, le sel, les épices et la farine. Bien mélanger pour enrober les pommes.
6 Verser toutes les pommes dans le moule à tarte déjà garni d'une pâte, répartir les cubes de beurre sur les pommes.
7 Placer la deuxième pâte sur le dessus, presser les bords et réaliser une bordure décorative.
8 Faire des petites décorations avec les chutes de pâte comme des feuilles, par exemple, pour décorer le dessus de la tourte.
9 Percer un petit trou au centre pour laisser échapper la vapeur.

10 Badigeonner la surface d'œuf battu au pinceau et enfourner 10 minutes à 220 °C.
11 Baisser le four à 180 °C et faire cuire pendant 45 minutes.
12 Couvrir d'une feuille de papier d'aluminium et poursuivre la cuisson encore 45 minutes.
13 Laisser refroidir.
14 Servir avec 1 cuillerée à soupe de crème fraîche saupoudrée de cannelle.

PUMPKIN PIE

Dessert incontournable de Thanksgiving ! Andrée ne devait pas être trop dépaysée par cette fabuleuse tarte à la citrouille et à la crème fouettée car elle avait elle-même l'habitude de préparer la pana provençale, ancêtre de la *Pumpkin pie.*

Pour 8 personnes
Préparation : 30 min
Repos : 2 h + 30 min pour la pâte
Cuisson : 1 h 30

Pour la garniture

600 g de potiron
2 cuil. à soupe d'huile de pépins de raisin
40 g de beurre doux
1 gousse de vanille
2 œufs entiers
2 jaunes d'œufs
50 g de sucre vergeoise
50 g de sucre en poudre
320 g de crème fraîche épaisse
4 cuil. à café de cannelle
2 cuil. à café de gingembre en poudre
4 pincées de noix de muscade râpée
2 pincées de clous de girofle moulus
2 pincées de sel fin

Pour la pâte

110 g de farine
70 g de sucre en poudre
80 g de beurre doux, froid
2 jaunes d'œufs
1 pincée de sel

Pour la chantilly

30 cl de crème liquide entière
1 gousse de vanille
1 cuil. à soupe de sirop d'érable

1. Préchauffer le four à 180 °C.
2. Éplucher le potiron, le tailler en gros cubes. Les placer sur une plaque allant au four et badigeonner d'huile. Enfourner pendant 25 minutes.
3. Pendant la cuisson du potiron, préparer la pâte.
4. Verser la farine, le sucre et le sel sur le plan de travail. Mélanger.
5. Couper le beurre froid en cubes. Mélanger le beurre et les ingrédients secs avec le bout des doigts. Frotter ensuite entre les paumes des mains. Faire un petit trou au centre, verser les jaunes d'œufs. Mélanger.
6. Pétrir rapidement pour homogénéiser la pâte. Aplatir en disque, couvrir d'un film alimentaire et placer au frais 30 minutes.
7. Au terme de la cuisson, sortir le potiron du four, mixer au robot ou au mixeur plongeant pour obtenir une purée très lisse.
8. Faire fondre le beurre dans une casserole à feu doux. Ouvrir la gousse de vanille et gratter les graines.
9. Dans un saladier, ajouter l'œuf entier et le jaune d'œuf, les graines de vanille et les deux sucres. Fouetter vivement. Ajouter ensuite la purée de potiron, la crème, le beurre fondu, les épices et le sel. Bien mélanger et réserver au frais.
10. Sortir la pâte du frais, étaler au rouleau à 6 mm d'épaisseur. Garnir un moule à tarte de 25 cm de diamètre avec la pâte. Piquer le fond de la tarte à la fourchette et cuire à blanc à 180 °C pendant 15 minutes. Sortir du four, laisser refroidir quelques minutes.
11. Baisser la température du four à 150 °C.
12. Verser la préparation sur le fond de tarte précuit, lisser la surface. Enfourner pendant 1 h 30.

13 Débarrasser sur une grille et laisser refroidir 15 minutes avant de placer au frais 2 heures.
14 Monter la crème froide en chantilly avec les graines de vanille et le sirop d'érable.
15 Décorer la tarte refroidie de vaguelettes de chantilly, saupoudrer de cannelle.

PECAN PIE

Dans la recette d'origine de la tarte à la noix de pécan, il faut du sirop de maïs. N'ayant pas trouvé ce sirop en France lors de mon premier Thanksgiving, je l'ai remplacé par du sirop d'érable. Quelle merveille ! Il apporte une note caramélisée et cette couleur riche et dense propre au sirop d'érable ; tandis que le sirop de maïs, trop sucré, rend la tarte presque transparente. Andrée a dû trouver ce sirop de maïs bien étrange à l'époque !

Pour 6 personnes
Préparation : 20 min
Repos : 30 min
Cuisson : 35 min

Pour la pâte sucrée

185 g de farine type 55
20 g de sucre en poudre
40 g de sucre glace
100 g de beurre doux, froid, coupé en cubes
1 œuf

Pour la garniture

3 œufs
200 g de sirop d'érable
2 pincées de fleur de sel
50 g de beurre doux
350 g de noix de pécan

1 Préchauffer le four à 200 °C.

Pour la pâte sucrée

2 Verser la farine et les deux sucres sur le plan de travail et mélanger.
3 Ajouter les cubes de beurre froid, mélanger avec le bout des doigts et ensuite entre les paumes des mains. Faire un petit trou au milieu, ajouter l'œuf, mélanger. Pétrir rapidement pour obtenir une pâte homogène. Aplatir en disque, couvrir d'un film alimentaire et placer au frais pendant 30 minutes.
4 Étaler au rouleau à 5 mm d'épaisseur et placer dans un moule à tarte.
5 Cuire à blanc à 200 °C pendant 15 minutes. Sortir du four et laisser refroidir 10 minutes.

Pendant ce temps, préparer la garniture

6 Dans un saladier, mélanger les œufs, le sirop d'érable et la fleur de sel.
7 Faire fondre le beurre dans une casserole à feu doux, verser dans le mélange, fouetter.
8 Hacher grossièrement la moitié des noix de pécan, les répartir sur le fond de la pâte à tarte.
9 Placer les noix de pécan entières restantes en rosace sur le dessus.
10 Verser le mélange œufs-sirop d'érable délicatement sur le dessus, les noix de pécan vont « flotter » à la surface. Enfourner à 200 °C pendant 35 minutes.
11 Laisser refroidir entièrement avant de servir avec une boule de glace vanille.

Palm Beach Hotel,
Palm Beach, Florida

Palm Beach

« [Andrée] est impressionnée par l'élégance et la prévenance de Rose à son égard. La maîtresse de maison maîtrise parfaitement le français et lui présente un à un les membres de la famille avant de la confier à la cuisinière habituée des lieux. [...] Du petit déjeuner servi sur la terrasse, de la préparation des paniers de pique-nique, véritable tradition familiale, à l'organisation de dîners où s'invitent collaborateurs ou amis, la cuisine de Palm Beach est une petite entreprise qui s'agite du matin au soir. Mme K veille sur tout : les menus, l'heure des repas, le roulement du personnel. Andrée remarque les pense-bêtes qu'elle épingle sur ses gilets afin de ne rien oublier. Evelyn, au service depuis longtemps, raconte que lorsque les enfants étaient adolescents leur mère était tellement sollicitée et préoccupée que le jour où elle n'avait plus trouvé de place pour les accrocher, elle avait voulu faire déborder ses petits papiers sur elle ! »

Extrait du roman *La Cuisinière des Kennedy* p. 191 et 193

SALADE DE POMMES DE TERRE, SAUCE AU *BUTTERMILK*

Cette salade sent bon le pique-nique en plein été ! Elle est sur toutes les tables américaines dès la fête du 4 juillet. Andrée a dû être étonnée par une sauce à base de mayonnaise et de *buttermilk* (du lait fermenté), à la place de sa chère huile d'olive !

Pour 8 personnes
Préparation : 15 min
Cuisson : 15 min

700 g de pommes de terre roseval
2 gousses d'ail
10 g de gros sel
2 oignons rouges
½ botte d'aneth
¼ de botte de persil plat
¼ de botte de ciboulette
2 cuil. à soupe de vinaigre de cidre
60 g de mayonnaise
60 g de lait fermenté (lait ribot)
2 cuil. à soupe de baies roses
Fleur de sel
Poivre du moulin

1 Laver les pommes de terre avec la peau. Éplucher et écraser les gousses d'ail.
2 Placer les pommes de terre entières dans une grande casserole, couvrir à hauteur d'eau froide, ajouter le gros sel.
3 Porter à ébullition, baisser le feu et faire cuire 15 minutes environ.
4 Égoutter les pommes de terre, les couper en rondelles et laisser refroidir dans un plat.
5 Éplucher les oignons rouges, les couper en fines rondelles.
6 Laver, sécher et ciseler les herbes.
7 Dans un grand saladier, fouetter ensemble le vinaigre de cidre, la mayonnaise et le lait fermenté.
8 Ajouter les herbes, saler, poivrer et mélanger.
9 Placer les rondelles de pommes de terre refroidies, les oignons rouges et les baies roses dans la sauce.
10 Tourner délicatement avec des couverts à salade.
11 Décorer de pluches d'aneth, servir froid dans un beau saladier.

FLANK STEAK

Pas de pique-nique sans grillade aux États-Unis, et notamment cette bavette grillée, aigre-douce ! Andrée était sûrement très contente les jours de barbecue, car surveiller le gril était « un travail d'hommes » et les frères Kennedy s'en chargeaient parfaitement.

Pour 6 personnes
Préparation : 10 min
Marinade : 2 h
Cuisson : 4 min

Pour la marinade

2 gousses d'ail
8 cl d'huile d'olive
2 cuil. à soupe de vinaigre de vin
8 cl de sauce soja
50 g de miel
Poivre du moulin

Pour la bavette

1 kg de bavette en un morceau
Fleur de sel
Poivre du moulin

Pour la marinade

1. Éplucher et hacher l'ail.
2. Mélanger tous les ingrédients dans un plat. Placer la bavette au centre, la retourner plusieurs fois pour l'enduire de marinade. Couvrir d'un film plastique et placer au frais pendant 2 heures.
3. Chauffer le gril.
4. Sortir la viande de la marinade, secouer doucement pour faire tomber l'excès de marinade.
5. Saler et poivrer les deux côtés.
6. Faire griller 2 minutes par face, retirer sur une grille et laisser reposer.
7. Verser le reste de la marinade dans une casserole, faire réduire de moitié.
8. Couper la bavette en tranches fines, dresser sur un beau plat de service avec la sauce à côté.

SALADE *GREEN GODDESS*

Originaire de la Californie, cette salade était très appréciée des belles dames de l'époque qui faisaient attention à leur ligne. Rose Kennedy en était sûrement une adepte !

Pour 4 personnes
Préparation : 15 min

½ chou blanc
2 avocats
Jus de ½ citron
4 cœurs de sucrine
2 concombres Noa
3 cébettes
2 tomates vertes

Pour la sauce

½ oignon blanc
4 filets d'anchois
¼ de botte de persil plat
¼ de botte d'estragon
1 cuil. à café de vinaigre de vin blanc
150 g de yaourt à la grecque
15 cl de lait fermenté (lait ribot)
Sel
Poivre du moulin

1 Laver les légumes.
2 Couper le chou en julienne. Éplucher les avocats, couper la chair en cubes, arroser de jus de citron. Émincer finement les cœurs de sucrine.
3 Avec un Économe, retirer une bande sur deux de peau des concombres, couper en lamelles et en biais. Émincer finement les cébettes.
4 Couper les tomates vertes en dés. Mélanger tous les légumes et réserver au frais.

Pour la sauce

5 Éplucher et ciseler l'oignon.
6 Dans le bol du robot, placer les anchois, l'oignon, les herbes, le vinaigre, le yaourt et le lait fermenté.
7 Mixer jusqu'à obtenir une texture lisse et onctueuse. Saler et poivrer.
8 Dans un beau saladier, dresser le mélange de légumes, verser la sauce, mélanger doucement.
9 Décorer de feuilles d'estragon avant de servir.

Rose Kennedy

On ne peut pas évoquer la puissante famille Kennedy sans parler de Rose, la matriarche.

Née Rose Fitzgerald en 1890 à Boston, dans une famille irlandaise catholique, elle épouse Joseph P. Kennedy en 1914. Ensemble, ils auront neuf enfants, qu'elle élèvera avec exigence, foi et ambition. Chez les Kennedy, le repas est sacré, l'éducation stricte, et la réussite une obligation.

Rose n'était pas une maman tendre, mais une mère visionnaire, qui voulait voir ses enfants aller très loin ! Grâce à elle, la maison était transformée en terrain d'entraînement pour futurs leaders : on y débattait, on y lisait, on y apprenait à convaincre et on y recevait les grands de ce monde. Même à table, tout avait un sens.

Chez les Kennedy, le repas est sacré, l'éducation stricte, et la réussite une obligation.

Femme de principe, marquée par de nombreux drames mais toujours droite et croyante, Rose restera jusqu'à ses 104 ans le pilier discret d'une des familles les plus marquantes du XXe siècle.

C'est dans cette atmosphère exigeante et raffinée qu'Andrée va évoluer, apportant à la maison Kennedy sa chaleur provençale sans jamais trahir les exigences de Rose.

Palm Becch

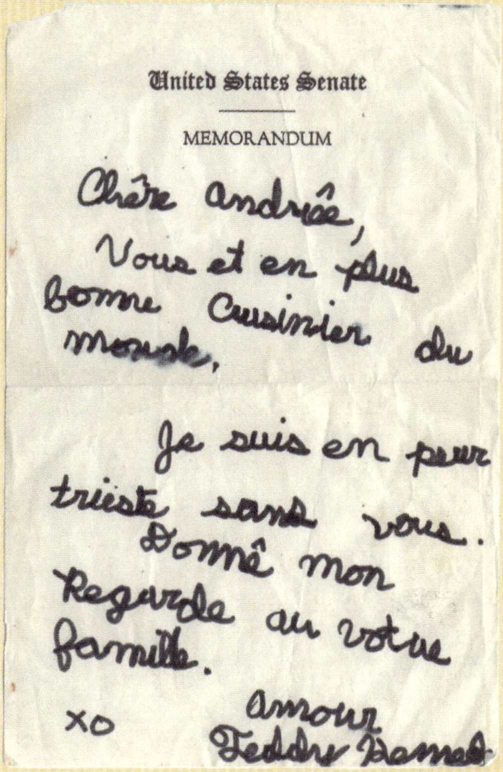
United States Senate

MEMORANDUM

Chère andrée,

Vous et en plus bonne Cuisinier du monde.

Je suis en peur triste sans vous. Donné mon Regarde au votre famille.

xo

amour
Teddy Kennedy

CLAM CHOWDER

La *Clam Chowder* est LA soupe préférée à Cape Cod. Elle est proposée dans tous les bons restaurants de la presqu'île dans sa version crémeuse façon New England. Pour le dîner en l'honneur du ballet du Bolchoï, Andrée a préparé la version luxe de cette soupe, à la demande expresse de Rose, en y ajoutant du caviar.

Pour 4 personnes
Préparation : 20 min
Cuisson : 35 min

24 palourdes
2 cuil. à soupe d'huile d'olive
2 gousses d'ail
15 cl de vin blanc sec
3 branches de céleri
6 oignons nouveaux
10 pommes de terre nouvelles, avec la peau
3 brins de persil plat
4 tranches de poitrine fumée
25 cl de fumet de coquillages
6 brins de thym frais + 1 brin pour le service
1 feuille de laurier
60 cl de lait entier
25 cl de crème entière liquide
16 g de caviar d'Aquitaine
Sel
Poivre du moulin

Pour ouvrir les palourdes

1 Les rincer sous l'eau froide et les sécher.
2 Chauffer l'huile d'olive dans une poêle à fond épais, ajouter 1 gousse d'ail écrasée et les palourdes. Mélanger. Verser le vin blanc, laisser évaporer l'alcool, couvrir et faire cuire environ 5 minutes ou jusqu'à ce que les palourdes s'ouvrent.
3 Retirer les palourdes, les décortiquer et filtrer le jus de cuisson. Réserver.

Préparer les légumes

4 Laver et sécher les légumes. Émincer les branches de céleri et les oignons nouveaux avec une partie du vert. Peler et hacher la gousse d'ail restante. Couper les pommes de terre nouvelles, avec la peau, en cubes. Ciseler le persil plat.
5 Dans une cocotte, faire dorer les tranches de poitrine, elles doivent être croustillantes. Retirer la poitrine, garder le gras de cuisson dans la cocotte.
6 Émietter les tranches de poitrine. Réserver.
7 Chauffer la cocotte avec le gras rendu de la poitrine, ajouter les oignons nouveaux, la gousse d'ail hachée et le céleri. Assaisonner d'une pincée de sel et faire suer pendant 6 minutes environ. Ajouter le fumet de coquillages, les cubes de pommes de terre, le thym, le persil plat et la feuille de laurier, bien poivrer.
8 Porter à ébullition, baisser le feu, couvrir et faire frémir pendant encore 15 minutes ou jusqu'à ce que les pommes de terre soient tendres.
9 Verser le lait et la crème dans la cocotte, porter à ébullition, faire réduire légèrement. Ajouter les palourdes avec leur jus de cuisson. Chauffer 2 minutes.
10 Servir très chaud avec les miettes de poitrine croustillantes sur le dessus, du thym frais, un bon tour de moulin à poivre et des tranches de pain au levain grillées.
11 Si vous voulez faire comme Rose Kennedy, ajouter une petite quenelle de caviar sur le dessus juste avant de servir.

BOSTON CREAM PIE

Contrairement à ce que son nom indique, ce gâteau gourmand n'est pas une *pie*. Il a été créé vers 1856 pour l'ouverture du mythique *Parker Hotel* à Boston. En 1996, il devient le gâteau officiel de l'État du Massachusetts ! Andrée a dû facilement trouver ses marques avec ce gâteau qui est, en réalité, une génoise avec une crème pâtissière et une ganache au chocolat. Les Kennedy le lui réclamaient souvent.

Pour 10 personnes
Préparation : 1 h
Repos : 2 h
Cuisson : 35 min

Pour le biscuit

2 gros œufs
250 g de farine
200 g de sucre en poudre
1 cuil. ½ à café de levure chimique
2 pincées de sel
12 cl de lait entier
6 cl d'huile neutre
1 cuil. à café d'extrait de vanille
¼ de cuil. à café de crème de tartre*

Pour la crème pâtissière

1 gousse de vanille
50 cl de lait entier
6 jaunes d'œufs
200 g de sucre en poudre
60 g de fécule de maïs
15 g de beurre doux

Pour la ganache

225 g de chocolat noir, haché
24 cl de crème liquide

1 Préchauffer le four à 180 °C.

Pour le biscuit

2 Séparer les blancs des jaunes d'œufs.
3 Verser la farine, le sucre, la levure et le sel dans un saladier. Faire un trou au centre, verser le lait, l'huile, les jaunes d'œufs et l'extrait de vanille.
4 Mélanger au batteur électrique jusqu'à ce que la préparation soit lisse et homogène. Fouetter encore 3 minutes à vitesse maximale.
5 Dans un autre saladier, monter les blancs en neige ferme avec une pincée de crème de tartre. Ajouter les blancs dans la préparation du biscuit délicatement à la spatule.
6 Beurrer et fariner un moule à gâteau de 22 cm de diamètre.
7 Enfourner pendant 25 à 30 minutes. Démouler sur une grille et laisser refroidir.

Pour la crème pâtissière

8 Ouvrir la gousse de vanille, gratter les graines.
9 Dans une casserole, porter le lait à ébullition avec les graines de vanille.
10 Dans un saladier, fouetter vivement les jaunes d'œufs avec le sucre. Ajouter la fécule, fouetter à nouveau. Délayer avec le lait chaud, reverser dans la casserole. Porter la crème à ébullition en fouettant sans cesse. Retirer du feu et ajouter le beurre, fouetter.

•••

* La crème de tartre sert à stabiliser les blancs d'œufs dans une pâtisserie pour assurer leur texture aérienne. Vous pouvez la remplacer ici par quelques gouttes de jus de citron au moment de monter les blancs en neige.

•••

11 Verser la crème dans un plat, couvrir d'un film alimentaire collé contre la crème et laisser refroidir avant de le placer au réfrigérateur 1 heure.

Pour la ganache

12 Placer le chocolat haché dans un saladier.
13 Porter la crème à ébullition dans une casserole. La verser en trois fois sur le chocolat.
14 Bien mélanger la crème et le chocolat à la spatule, en partant du centre, avant chaque ajout de crème. La ganache doit être lisse et brillante.

Pour le montage

15 Sortir la crème pâtissière du froid, placer dans un saladier et bien fouetter pour la détendre.
16 Ouvrir le biscuit en deux dans l'épaisseur et déposer la partie inférieure sur une belle assiette de service. Napper le biscuit de la crème pâtissière. Couvrir avec la deuxième moitié du biscuit.
17 Verser la ganache, lisser à la spatule et laisser prendre au réfrigérateur.

Hyannis Port

« Hyannis Port est la résidence principale de Rose et Joe Kennedy. Ils y vivent sept à huit mois de l'année. Le reste du temps étant partagé entre Palm Beach, leur appartement de New York sur Central Park et les hôtels de par le monde, Paris, Londres ou Milan, avec une prédilection pour la Côte d'Azur, à l'Eden-Roc d'Antibes. [...]
Andrée est à présent coiffée d'une toque et vêtue d'un tablier blanc. Une paire de chaussures de toile blanche complète l'uniforme. Très soucieuse de la tenue et de l'hygiène, Rose Kennedy exige de son personnel des ongles courts et des cheveux retenus et couverts. Les premières lettres postées de Hyannis, adressées aux Rogers, témoignent de journées "tellement fatigantes [qu'Andrée] s'endort comme un bébé". Lorsque son réveil sonne à 6 heures, Madame est déjà en route pour assister à la première messe.
Au cœur de l'été, la maison sur la plage est pleine et les deux cuisinières travaillent six jours sur sept. Le rythme à la cuisine ne fait que répondre à celui de la famille qui, jour après jour, organise des activités, propose des sorties, excursions ou "parties" autour de la piscine. »

Extrait du roman *La Cuisinière des Kennedy* p. 201 et 202

GOUGÈRES AU FROMAGE AMÉRICAIN

L'impressionnante villa des Kennedy à Hyannis Port a longtemps été le théâtre de nombreuses réceptions officielles, fêtes de famille et soirées en tout genre. À l'occasion d'une de ces très grandes réceptions, Andrée a choisi de servir plateau après plateau de gougères, mais au fromage américain !

Pour 6 personnes
Préparation : 10 min
Marinade : 2 h
Cuisson : 15 à 20 min

25 cl d'eau
1 pincée de sel
100 g de beurre doux
150 g de farine
4 œufs
80 g de cheddar râpé

1. Préchauffer le four à 200 °C.
2. Dans une casserole, verser l'eau, le sel et le beurre coupé en petits morceaux.
3. Porter le mélange à ébullition, retirer du feu.
4. Ajouter la farine d'un coup, mélanger vigoureusement à la spatule.
5. Remettre sur le feu et mélanger jusqu'à ce que la pâte se détache des parois et ne colle plus au fond de la casserole. Ajouter ⅓ du cheddar râpé.
6. Verser la pâte dans un bol et ajouter les œufs entiers, un par un, en mélangeant énergiquement entre chaque ajout.
7. Remplir une poche à douille munie d'une douille lisse avec la pâte.
8. Coucher des petites boules de pâte de 2 cm de diamètre sur une plaque de cuisson.
9. Parsemer du reste de cheddar râpé et cuire 15 à 20 minutes.

ŒUFS MIMOSA À LA MAYONNAISE AÉRIENNE

Œufs mimosa se dit *deviled eggs* en anglais. Andrée les rendait bien moins diaboliques grâce à cette mayonnaise légère comme l'air, la préférée de Jack Kennedy.

Pour 4 personnes
Préparation : 20 min
Cuisson : 10 min

6 œufs

Pour la mayonnaise aérienne
1 œuf
1 cuil. à soupe de moutarde de Dijon
20 cl d'huile neutre, pépins de raisin ou tournesol
Jus de ½ citron
4 brins de ciboulette + 4 pour la décoration
1 cuil. à soupe de feuilles de coriandre fraîches
1 cuil. à soupe de feuilles de persil plat
Sel
Poivre du moulin

Graines germées (alfalfa, betteraves, poireau) pour la décoration

1 Cuire les œufs dans une casserole d'eau bouillante pendant 10 minutes.
2 Les plonger dans l'eau froide, laisser refroidir et ensuite les écaler délicatement.
3 Les couper en deux dans le sens de la hauteur, placer les jaunes dans un saladier et réserver les blancs.

Pour la mayonnaise
4 Verser le jaune dans un saladier. Réserver le blanc dans un bol à température ambiante.
5 Ajouter la moutarde avec le jaune, fouetter vivement. Saler, poivrer.
6 Verser l'huile progressivement tout en fouettant pour créer une émulsion. Quand la mayonnaise est prise, ajouter le jus de citron, fouetter.
7 Monter le blanc en neige au fouet.
8 Laver, sécher et ciseler toutes les herbes.
9 Incorporer le blanc monté dans la mayonnaise, ajouter les herbes, mélanger.

Pour le montage
10 Récupérer le saladier avec les jaunes cuits, les écraser à la fourchette. Ajouter 3 à 4 cuillerées à soupe de mayonnaise aux herbes*, fouetter vivement. Saler, poivrer si nécessaire.
11 Remplir une poche à douille munie d'une douille lisse avec la préparation.
12 Placer les blancs d'œufs cuits sur un beau plat de service, garnir chaque blanc à la poche.
13 Décorer de brins de ciboulette et de quelques graines germées, terminer par un peu de fleur de sel et un tour de moulin à poivre.

---

* Il restera de la sauce. Elle est délicieuse servie avec une viande froide ou des asperges.

CONSOMMÉ D'ASPERGES VERTES

Une version plus légère et élégante de la crème d'asperges et certainement la préférée de Rose Kennedy.

Pour 4 personnes
Préparation : 15 min
Cuisson : 20 min

2 bottes d'asperges vertes + 2 asperges entières pour la décoration
½ botte de persil plat
15 g de beurre doux
1,5 l de bouillon de légumes, chaud
1 cuil. à soupe d'huile d'olive
Fleur de sel
Poivre du moulin

1. Retirer le bout terreux des asperges. Couper les asperges en tronçons, garder les pointes entières, les réserver.
2. Laver, sécher et effeuiller le persil.
3. Faire mousser le beurre dans une grande casserole. Ajouter les tronçons d'asperges et les feuilles de persil. Saler, poivrer et mélanger.
4. Verser le bouillon de légumes chaud et porter à ébullition.
5. Baisser le feu et faire cuire environ 20 minutes.
6. Mixer la soupe au blender ou au mixeur plongeant et passer au chinois pour être sûr de retirer les éventuels filaments. Remettre dans la casserole. La texture doit être fine.
7. Blanchir les pointes d'asperges dans une casserole d'eau bouillante salée pendant 3 minutes. Les plonger dans l'eau glacée pour préserver la couleur et les égoutter.
8. Couper les deux dernières asperges en fines lamelles à l'aide d'un Économe, les assaisonner d'huile d'olive, de sel et de poivre.
9. Dresser le consommé chaud dans des assiettes creuses. Décorer d'un petit nid de lamelles d'asperges crues et de pointes d'asperges.
10. Assaisonner de fleur de sel et d'un tour de moulin à poivre.

CRIQUES DE POMMES DE TERRE OU CRIQUES ARDÉCHOISES

Andrée a servi ses criques de pommes de terre lors d'un déjeuner familial à Cape Cod pour fêter l'arrivée du quatrième enfant de Robert (Bobby) et Ethel Kennedy. Rose n'appréciait guère ces galettes, trop grasses et trop riches à son goût. Réclamées par les autres membres du clan Kennedy, elles deviennent l'incontournable des réunions familiales.

Pour 4 personnes
Préparation : 15 min
Cuisson : 15 min

5 grandes pommes de terre à chair ferme*
2 gousses d'ail
½ botte de persil plat
2 cuil. à soupe d'huile d'olive
Sel
Poivre du moulin

1. Éplucher les pommes de terre. Râper avec une râpe à gros trous. Égoutter dans une passoire sans les presser.
2. Éplucher et hacher l'ail. Ciseler le persil.
3. Mélanger les pommes de terre râpées, l'ail, le persil et une pincée de sel. Bien mélanger à la main et laisser reposer environ 5 minutes.
4. Chauffer l'huile d'olive dans une poêle à fond épais.
5. Déposer de grosses cuillerées de la préparation dans la poêle. Tasser à la fourchette pour former des galettes régulières et assez fines, elles seront plus croustillantes ainsi.
6. Faire dorer la première face quelques minutes, retourner à la spatule et faire dorer la deuxième face.
7. Vous pouvez aussi cuire toute la préparation en même temps pour faire une grande galette à partager. Dans ce cas, pour la retourner, faire glisser sur une assiette, poser la poêle dessus et la retourner sur l'autre face.
8. Bien poivrer avant de servir avec une salade croquante ou pour accompagner des grillades.

---

* Dans la recette traditionnelle, il n'y a ni œuf ni farine. L'amidon des pommes de terre suffit comme liaison.

CHICKEN, TUNA AND CRAB SALAD SANDWICHES

En 1960, lorsque JFK annonce sa candidature à la présidence des États-Unis, la maison ne désemplit pas. On n'a pas toujours le temps de passer à table, alors Andrée prépare des montagnes de sandwichs pour nourrir les amis, journalistes et hommes politiques de passage. Ici, c'est la recette des sandwichs au poulet, au thon et au crabe que vous pourrez savourer à votre tour.

Pour 6 sandwichs
Préparation : 15 min
Cuisson : 12 min

3 blancs de poulet, ou 1 boîte de 500 g de thon nature, ou 500 g de chair et pattes de crabe
1 l de bouillon de poule (pour la cuisson du poulet)
80 g de yaourt à la grecque
80 g de mayonnaise
1 cuil. à soupe de moutarde à l'ancienne
Zestes et jus de 1 citron
2 cuil. à soupe de persil plat ciselé
2 cuil. à soupe d'aneth ciselé
2 branches de céleri, émincé
1 oignon rouge ciselé
2 gros cornichons, émincés
8 radis rouges, coupés en rondelles
Fleur de sel
Poivre du moulin

1 Pour la *chicken salad* : faire pocher les blancs de poulet dans le bouillon de poule frémissant pendant 12 minutes. Les retirer et les couper en cubes.
2 Préparer la sauce commune aux trois sandwichs : dans un grand bol, fouetter ensemble le yaourt, la mayonnaise et la moutarde. Ajouter ensuite le jus et les zestes de citron et les herbes ciselées. Mélanger.
3 Pour réaliser les trois sortes de sandwichs, préparer la quantité de sauce multipliée par trois.
4 Pour le poulet : verser environ 160 g de sauce dans un saladier. Ajouter les cubes de poulet, mélanger. Ajouter ensuite le céleri, les oignons, les cornichons et les radis. Saler, poivrer, bien mélanger.
5 Servir la préparation en sandwich entre deux belles tranches de pain aux céréales grillées.
6 Pour le thon : verser environ 160 g de sauce dans un saladier. Égoutter le thon et l'ajouter à la sauce.
7 Ajouter ensuite le céleri, les oignons, les cornichons et les radis. Saler, poivrer, bien mélanger.
8 Servir en sandwich entre deux tranches de pain de seigle toastées.
9 Pour le crabe : verser environ 160 g de sauce dans un saladier. Égoutter le crabe et l'ajouter à la sauce.
10 Ajouter ensuite le céleri, les oignons, les cornichons et les radis. Saler, poivrer, bien mélanger.
11 Servir dans un bun brioché doré au beurre.

RAGOÛT DE POISSON À LA TOMATE

Avant les élections entre Richard Nixon et John Kennedy, la famille est si occupée que « c'est à peine si les membres de la famille prêtent attention à ce qu'il y a dans leur assiette ». Andrée, soucieuse de leur proposer des repas équilibrés, leur préparait souvent ce ragoût de poisson avec sa fameuse sauce tomate que Jack adore.

Pour 4 personnes
Préparation : 20 min
Cuisson : 45 min

800 g de pommes de terre charlotte
3 gousses d'ail
10 g de gros sel
½ botte de ciboulette
1 botte de basilic
4 oignons nouveaux
1 cuil. à soupe d'huile d'olive
25 cl de vin blanc
800 g de tomates concassées en boîte
400 g de filet de lieu jaune
400 g de filet de merlu
200 g de filet de cabillaud
Sel
Poivre du moulin

1. Éplucher les pommes de terre et les couper en gros cubes.
2. Les placer dans une casserole d'eau froide, ajouter une gousse d'ail écrasée et le gros sel. Porter à ébullition, baisser le feu, et cuire pendant 20 minutes. Les égoutter.
3. Laver et ciseler la ciboulette et le basilic. Laver et émincer les oignons nouveaux avec une partie du vert. Éplucher et hacher les gousses d'ail restantes.
4. Dans une cocotte, verser l'huile d'olive, faire suer les oignons et l'ail. Ajouter ensuite la ciboulette et le basilic, saler et poivrer.
5. Verser le vin blanc, faire cuire 2 minutes environ. Ajouter les tomates concassées, saler, poivrer et laisser mijoter à feu moyen pendant approximativement 15 minutes pour réduire le liquide des tomates.
6. Pendant ce temps, retirer la peau des filets de poisson. Les couper en gros cubes, saler et poivrer.
7. Ajouter les cubes de poisson et les cubes de pommes de terre délicatement dans la sauce tomate. Faire frémir à feu doux pendant 10 minutes.
8. Servir chaud dans une assiette creuse. Décorer de feuilles de basilic et de brins de ciboulette.

QUENELLES DE LANGOUSTE, SAUCE AUX CRUSTACÉS

En décembre 1972, Andrée prépare le dîner de Noël chez Joan et Ted Kennedy à Hyannis Port. Sachant que c'était probablement un de ses derniers Noëls en Amérique, elle décide de se dépasser en cuisine en proposant des quenelles traditionnelles lyonnaises, mais à la langouste !

Pour 6 personnes
Préparation : 40 min
Repos : 2 h
Cuisson : 40 min

Pour les quenelles

2 queues de langoustes de 200 g chacune, environ
2 pincées de noix de muscade râpée
2 blancs d'œufs
4 gros œufs
140 g de beurre doux, pommade, pour le mélange
10 g de gros sel
Sel
Poivre du moulin

Pour la panade

40 g de beurre doux
20 cl de lait entier
240 g de farine type 45

Pour le beurre de langouste *

Carapaces des langoustes
100 g de beurre doux

Pour le beurre de langouste

1 Décortiquer les queues de langoustes, mettre la chair de côté.
2 Placer les carapaces dans un sac congélation épais, concasser le plus finement possible à l'aide d'un rouleau à pâtisserie.
3 Placer les carapaces concassées et le beurre dans une casserole, chauffer doucement pour faire fondre le beurre. Retirer du feu et laisser infuser 30 minutes.
4 Passer le beurre au chinois et refroidir au réfrigérateur.

Pour la béchamel

5 Faire mousser le beurre dans une casserole, ajouter la farine, mélanger à la spatule. Laisser cuire à feu doux pendant quelques minutes, sans coloration.
6 Verser progressivement le lait froid et mélanger régulièrement au fouet. Porter à ébullition et laisser cuire pendant 5 minutes. Saler, poivrer et ajouter la noix de muscade.
7 Ajouter la crème liquide, faire réduire rapidement en remuant au fouet jusqu'à obtention d'une consistance lisse et semi-épaisse.
8 Hors du feu, ajouter 50 g de beurre de langouste froid, fouetter vigoureusement.
9 Goûter et assaisonner si nécessaire.

•••

* Le reste de beurre de langouste se congèle très bien.

Pour la béchamel
40 g de beurre doux
40 g de farine
50 cl de lait demi-écrémé
1 pincée de noix de muscade râpée
20 cl de crème liquide entière
50 g de beurre de langouste
Sel
Poivre du moulin

Pour la décoration
½ botte de cerfeuil
1 citron vert

•••

Pour les quenelles

10 Préparer la panade : couper le beurre en cubes. Verser le lait dans une casserole. Ajouter les cubes de beurre et porter à ébullition.
11 Retirer du feu et ajouter la farine d'un coup. Mélanger énergiquement à la spatule.
12 Remettre la casserole sur feu doux, dessécher la pâte en mélangeant sans cesse.
13 La panade doit avoir la texture d'une pâte à pain. Verser dans un saladier, laisser refroidir.
14 Couvrir d'un film alimentaire et placer au réfrigérateur pendant 1 heure.
15 Couper la chair de langoustes en morceaux, mixer très finement au robot*.
16 Saler, poivrer et ajouter la noix de muscade.
17 Sortir la panade du frais. Dans le bol du robot avec la chair de langoustes, ajouter les blancs d'œufs et la panade froide. Mixer.
18 Ajouter les œufs entiers, un à un, sans cesser de faire tourner le robot.
19 Ajouter, enfin, le beurre pommade, bien mixer. Le mélange doit être bien émulsionné et mousseux. Verser dans un saladier, couvrir d'un film alimentaire et placer au réfrigérateur pendant 1 heure.
20 Porter 2 litres d'eau à ébullition, saler au gros sel. Baisser le feu.
21 Façonner de grosses quenelles entre 2 cuillères à soupe.
22 Faire pocher dans l'eau frémissante pendant 12 à 15 minutes, les retourner à mi-cuisson.
23 Retirer les quenelles à l'aide d'une écumoire, égoutter sur un torchon.
24 Dresser les quenelles dans une assiette creuse, napper de sauce. Décorer de brins de cerfeuil et de zestes de citron vert.

* Dans la recette traditionnelle, à base de brochet, on passe la chair au tamis, ce n'est pas nécessaire pour la langouste.

CHARLOTTE AUX FRUITS ROUGES

Au mois de mai 1957, un barbecue géant est organisé à Hyannis Port pour célébrer le prix Pulitzer que John Kennedy venait de recevoir pour son livre *Profiles in Courage.* Parmi tous les desserts et crèmes glacées servis, la charlotte aux fruits rouges d'Andrée a remporté un énorme succès.

Pour 6 personnes
Préparation : 30 min
Cuisson : 6 min
Prise au frais : 12 h

Pour le sirop
10 cl d'eau
100 g de sucre en poudre
Zestes et jus de 1 citron

Pour la mousse bavaroise
250 g de fraises
250 g de framboises
4 feuilles de gélatine de 2 g
30 cl de crème liquide entière, très froide
4 jaunes d'œufs
100 g de sucre en poudre
20 biscuits à la cuillère

Pour la décoration
Quelques fraises et framboises fraîches
Feuilles de verveine fraîche
Sucre glace

Pour le sirop

1 Verser l'eau, le sucre, le jus et les zestes de citron dans une petite casserole. Porter à ébullition. Retirer du feu et laisser refroidir.

Pour la bavaroise

2 Laver et équeuter les fraises. Laver les framboises.
3 Couper 100 g de fraises en quartiers et 100 g de framboises en deux.
4 Mixer les fraises et les framboises restantes en coulis, passer au chinois pour éliminer les pépins.
5 Placer les feuilles de gélatine dans de l'eau très froide.
6 Monter la crème froide en chantilly à l'aide d'un batteur électrique, placer au frais.
7 Dans un autre saladier, fouetter les jaunes d'œufs et le sucre. Ajouter le coulis de fruits rouges, mélanger. Verser ensuite ce mélange dans une casserole et cuire à feu moyen jusqu'à 84 °C ou à la nappe (le mélange doit être suffisamment épais pour napper une cuillère).
8 Retirer la crème du feu. Essorer la gélatine, l'ajouter dans la crème, fouetter vivement.
9 Verser dans un saladier et laisser refroidir.
10 Pendant ce temps, tapisser un saladier de 20 cm de diamètre ou un moule à charlotte de film alimentaire pour faciliter le démoulage.
11 Lorsque la crème aux fruits rouges est à température ambiante, ajouter la crème montée en deux fois à l'aide du fouet.

•••

•••

Pour l'assemblage

12 Verser le sirop au citron dans un petit plat. Tremper les biscuits à la cuillère dans le sirop rapidement.

13 Verser un fond de bavaroise à la fraise dans le fond du moule. Disposer les biscuits à la cuillère tout autour du moule en les serrant bien les uns contre les autres.

14 Couvrir le fond du moule avec quelques biscuits imbibés, les couper à la bonne taille si nécessaire. Ajouter la crème bavaroise à ⅓ de la hauteur. Disposer ensuite la moitié des fraises en quartiers et la moitié des framboises. Ajouter encore ⅓ de la crème, le reste des fraises coupées et les framboises. Terminer avec la crème bavaroise, lisser à la spatule. Placer au réfrigérateur une nuit.

15 Le lendemain, démouler la charlotte dans un plat de service et retirer le film alimentaire.

16 Saupoudrer les bords de sucre glace et décorer de fraises, framboises et de petites feuilles de verveine.

PAVLOVA AUX FRUITS EXOTIQUES

Andrée s'est appliquée particulièrement à réussir ce dessert délicat lors du dîner en l'honneur du ballet du Bolchoï.

Pour 6 personnes
Préparation : 45 min
Repos : 1 h
Cuisson : 1 h 30

Pour la meringue suisse

180 g de blancs d'œufs (environ 6)
360 g de sucre en poudre
2 cuil. à café de jus de citron
5 g de fécule de maïs

Pour la crème chantilly

1 gousse de vanille
25 cl de crème liquide entière
100 g de sucre glace

Pour la garniture

1 mangue
2 fruits de la Passion
1 grenade
Petites feuilles de menthe

1 Préchauffer le four à 100 °C.

Pour la meringue suisse

2 Remplir une petite casserole à la moitié avec de l'eau. Faire chauffer.
3 Verser les blancs d'œufs à température ambiante dans un saladier en verre ou en Inox. Monter à l'aide d'un batteur électrique.
4 Lorsque les blancs sont bien mousseux, incorporer le sucre au fur et à mesure tout en fouettant au batteur.
5 Poser ensuite le saladier sur la casserole d'eau frémissante. Continuer à fouetter au batteur jusqu'à ce que les blancs soient fermes et tiennent dans les branches du fouet.
6 Retirer le saladier du feu, fouetter encore pour faire baisser la température.
7 Ajouter le jus de citron et la fécule de maïs tamisée, incorporer délicatement à la spatule.
8 Remplir une poche à douille munie d'une douille lisse de 18 mm avec la meringue.
9 Garnir une plaque à pâtisserie avec une feuille de papier cuisson.
10 Pocher de grands pétales de meringue en forme de marguerite. Pocher ensuite un disque au centre des pétales.
11 Égaliser le disque à la spatule en creusant un peu le centre. La crème chantilly sera ajoutée à cet emplacement avant de servir.
12 Enfourner la meringue ensuite pendant environ 1 h 30 à 100 °C.
13 La meringue doit rester blanche et ferme au toucher.
14 Éteindre le four et laisser la meringue refroidir totalement à l'intérieur.

•••

•••

Pour la crème chantilly

15 Ouvrir la gousse de vanille en deux et gratter les graines. Verser la crème froide dans la cuve froide du batteur.

16 Fouetter d'abord à petite vitesse. Lorsque la crème commence à s'épaissir, ajouter le sucre glace et les graines de la gousse de vanille.

17 Continuer à fouetter à vitesse rapide jusqu'à ce que la crème tienne dans les branches du fouet. Placer au frais.

Pour la garniture

18 Éplucher la mangue, couper la chair en petits cubes. Ouvrir la grenade et les fruits de la Passion, retirer les graines.

19 Placer la meringue sur un beau plat de service.

20 Répartir la crème chantilly sur le fond de meringue à la spatule, ou à la poche.

21 Décorer ensuite de fruits harmonieusement et de petites feuilles de menthe.

LAIT DE POULE

Andrée est une véritable maman pour les frères et sœurs Kennedy lorsqu'ils sont de passage à Hyannis Port. Elle prend particulièrement soin des belles-filles, souvent enceintes. Elle a l'habitude de préparer cette boisson nourrissante, transmise par « tante Lil » pour Ethel, l'épouse de Bobby Kennedy.

Pour 4 personnes
Préparation : 20 min
Cuisson : 35 min

100 g de sucre en poudre
4 jaunes d'œufs extrafrais
40 cl de lait entier
1 cuil. à café de cannelle
½ cuil. à café de noix de muscade râpée
1 trait de rhum ambré (facultatif)

1. Chauffer le lait avec la cannelle et la noix de muscade. Le lait ne doit pas bouillir.
2. Verser les jaunes d'œufs et le sucre dans un saladier. Fouetter vigoureusement pendant plusieurs minutes.
3. Verser le lait chaud, fouetter.
4. Ajouter un trait de rhum ambré si vous le souhaitez, mais pas pour les femmes enceintes !
5. Servir chaud dans un mug.

Index alphabétique des recettes

Table des recettes

Entrées

Plats et accompagnements

Soupes

Sauces

Desserts et douceurs

Index des ingrédients

Bibliographie

CÔTE LEMAIRE Catherine, *Les Souvenirs culinaires d'une enfant de la Drôme*, Passé simple, 2013.

PATURAUD Valérie, *La Cuisinière des Kennedy*, Les Escales, 2024.

REBOUL Jean-Baptiste, *La Cuisinière provençale*, P. Tacussel Éditeur, réédition, 1989.

Remerciements

Je tiens à remercier Valérie Paturaud pour son roman si touchant et juste.
Je remercie également mon éditrice, Fanny Écochard-Martin, aux éditions Solar, de m'avoir confié ce beau projet.
Un grand merci à Audrey Cosson, styliste et cuisinière si sympathique et talentueuse.
Enfin, merci à Joann Pai, photographe exceptionnelle, pour son œil averti et son travail de lumière magique.
Merci à ma famille – mes goûteurs officiels et mon soutien infaillible.

Cathleen Clarity

Un immense merci à Fanny pour sa confiance et pour ce projet aussi atypique que passionnant, qui a permis de réunir une équipe formidable.
Quel bonheur de retrouver Cathleen, que de beaux souvenirs dans ta magnifique maison et ton jardin où tu nous as accueillis avec tant de générosité !
Quelle joie d'avoir enfin rencontré Joan, et quelle chance de pouvoir collaborer avec toi : ce livre est le début d'une belle histoire.
Je n'oublierai jamais mon tout premier Thanksgiving avec vous deux.
Un grand merci à Antoine pour ses superbes meubles qui nous ont beaucoup inspirées pour nos décors.
Un grand merci également à ma maman, toujours prête à me confier sa belle vaisselle, et à Alicia pour son aide précieuse.

Audrey Cosson

Thank you to Audrey, my Temuthorrisson. I marvel at your talent and am so happy we finally go to work together. To Cathleen for Thanksgiving in May and introduction "Un si grand soleil". To Ben and Ellie, you're my world.

Joann Pai

Direction : Didier Férat
Direction éditoriale : Fanny Écochard-Martin
Édition : Marjorie Goussu, Clémentine Dubernet
Photographies : Joann Pai
Sauf photographies p. 12, 15 (haut), 59 (bas), 85 (haut), 92, 108 et 144 : © Shutterstock ;
p. 48, 59 (bas), 74, 85 et 132 : © DR ; p. 113 et 139 : © Éditions Les Escales.
Stylisme : Audrey Cosson
Relecture : Isabelle Raimond et Nord Compo
Création graphique : Marina Delfranc
Mise en pages : Nord Compo
Photogravure : Chromostyle
Fabrication : Laurence Duboscq

2025, Éditions Solar, un département d'Edi8
92, avenue de France, 75013 Paris
serviceclients@lisez.com

ISBN : 978-2-26319-202-9
Code éditeur : L19202
Dépôt légal : octobre 2025
Imprimé en France par Pollina - 502571